教科書も間違っていた

歴史常識のウソ

常識のウソ研究会

彩図社

はじめに

歴史教科書の内容がこの20～30年間で大きく変わっているというニュースを聞いて驚いた経験のある方もいるのではないだろうか。

今まで「源頼朝」だと教えられてきたあの肖像画に描かれているのは別人だった、教科書で「鎖国」という用語が使われなくなった……など、これらの新事実はよく知られている。

ところが、歴史教科書を一歩飛び出したところにも、我々が勘違いしている「歴史常識」があふれているのだ。

特に、テレビドラマや漫画などで人気のある戦国の合戦には誤解が多い。例えば、織田信長と武田軍が激突した「長篠の戦い」での鉄砲の三段撃ちの逸話はまったくのウソで、後世に創作されたものだ。それに加えて、桶狭間の戦いや川中島の戦いなどにまつわる「常識」も、同じく後世に脚色されたものなのである。

他にも、当たり前だと思っていたことが実際は間違っているということが少なくない。誰もがクリスマスを「キリストの誕生日を祝う日」と認識しているだろうが、実はキリストの誕生日は12月25日ではない。さらに、クリスマス・イブはクリスマスの前日、24日のことを指すのではないし、皆が思い浮かべるサンタクロースの姿にも、歴史的に見るとウソが隠れているのだ。

誰もが知っているあの人物に関する「常識」も、事実とは異なる場合がある。戦前の小学校では勤勉の象徴として親しまれていた「二宮尊徳」のあの姿は歴史的事実に基づかないウソだし、また、進化論で知られる学者ダーウィンは生物学者ではなく、地質学者だった。

世の中の常識は日々変化していくものである。特に歴史常識の場合、研究者たちが議論を重ねることでそれまでの内容が覆っていくし、そもそも古くから間違って言い伝えられてきたものが多い。中には政治的な意図をもってウソを伝える場合もあり、「そんなことまでウソだったのか」と驚かされることだろう。

本書では、そのような「歴史常識」のウソを140の項目にわたって紹介する。かつては「事実」として知られていた「常識」がどのように変化してきたのか。その変化を楽しんでいただければ幸いである。

常識のウソ研究会

歴史常識のウソ　目次

第2章 人物にまつわるウソ【世界編】

第3章 戦乱と歴史のウソ

第4章 歴史教科書のウソ

第5章　政治と事件のウソ

第6章 伝統と起源のウソ

第7章　行事・習慣のウソ

第１章
人物にまつわるウソ【日本編】

001 水戸黄門が全国を旅したというのはウソ

「この紋所が目に入らぬか！」

この台詞でお馴染みの水戸黄門。今なお人気を博す時代劇の定番中の定番で、諸国を旅して悪人を懲らしめる庶民の味方として広く知られている。悪人に印籠を突きつけると途端に相手がひれ伏すことから、とっておきの切り札のことを「水戸黄門の印籠のような」と例える表現も今では一般的になったといえるだろう。

そんな時代劇の黄門様は、助さん格さんを伴って毎回さまざまな地を訪れているが、これはまったくの作り話なのである。

実際には全国を旅するどころか関東地方を離れたこともなかったという。

彼の本当の実績は、悪者退治ではなく史書の編纂にあった。水戸徳川家の2代目藩主を務めた水戸黄門こと徳川光圀《みつくに》は、若い頃は街中で刀を振り回すといった非行を繰り返す悪ガキだったが、司馬遷《しばせん》の『史記』を読んだことで人生が一変。学問の重要性に気づき、自らも史書編纂を行うことを決意したのだ。

光圀が編纂を命じた史書はのちに『大日本史』と呼ばれ、幕末の尊皇攘夷思想に大きな影響を与えた。その編纂資料を集めるために日本各地に儒学者を派遣したことが、いつしか水戸黄門の物語を生んだのである。

水戸光圀が「水戸黄門」として世に広まったのは、幕末にある講談師が彼を主人公にした『水戸黄門漫遊記』を創作したことがきっかけだという。旅をしながら世直しをするストーリーは大ヒットし、現代にまで受け継がれることとなった。

「水戸黄門」こと徳川光圀の肖像画

002 大岡忠相が子を取り合う2人の親の争いを解決したという話はウソ

水戸黄門と同じく、庶民の味方として人気なのが江戸町奉行を務めた大岡忠相《おおおかただすけ》だ。子の親権を争う生みの母と育ての母に対し、決着をつけるため両者に子の腕を引かせたが、痛がる子どもの泣き声に思わず育ての母は手を離してしまう。負けてしまったと悲しむ育ての親だったが、大岡はその子を想う心を汲み取り彼女に親権を認めた。人情味あふれる話だが、これは講談師によってつくられた架空の話である。大岡の裁判は幕末から明治期にかけて「大岡政談」としてまとめられ、その公明正大な人柄から人気を集めたが、どれも実像とはかけ離れており、実話として確認できるものは1つしかないという。大岡が記した日記にも、大岡政談のような逸話は見当たらず、庶民の味方というより真面目で几帳面な役人だったことが窺える。

大岡忠相（『越後伝吉孝子伝：大岡政談』国会図書館所蔵）

003 石川五右衛門に科された刑が釜茹でだったというのはウソ

義賊として知られる天下の大泥棒石川五右衛門の最期は、その凄惨さから多くの人の記憶に残っている。熱湯で煮えたぎる釜に息子ごと入れられ、じわじわと苦しめられてその生涯に幕を閉じた――。ところが、実際の刑罰は少し違っていたようだ。

安土桃山時代を生きた五右衛門が刑に処されたのは１５９４年のこと。当時の記録にも、京都の三条河原で釜茹での刑に処された者がいるとある。だが、実はこのとき釜を満たしていたのは熱湯ではなく植物油で、正確には茹で殺されたのではなく煎り殺されたのである。似たようなものかもしれないが、この処刑方法は貴重な油を大量に使用する必要があるため、派手な逸話だらけの五右衛門らしいと言えばそうなのかもしれない。

石川五右衛門とその子五郎市の処刑場面（歌川国貞・画）

004 吉良上野介が悪人だったというのはウソ

毎年12月ごろになると、必ずと言っていいほど忠臣蔵が話題になる。

忠臣蔵は18世紀初頭の江戸で起きた、赤穂藩主浅《あさ》井《い》長矩《ながのり》が江戸幕府の役職者吉良上《きらこう》野介《ずけのすけ》を切りつけたという罪で切腹を命じられた事件に端を発する。侮辱された藩主の無念を晴らすため、家臣の大石《おおいし》内蔵助《くらのすけ》を筆頭にして赤穂浪士が吉良上野介を討ち果たす忠義の物語だ。

作中における吉良上野介は決まって嫌味な悪役として描かれる。浅井長矩に対してだけでなく他の世話役にもいじめを行っていたとか、何かにつけて他藩に金品を要求していたとか、横柄な人物だったとか、そのような逸話も残っている。

しかし、三河国にあった彼の領地では、悪人どころか名君として現在でも慕われているのだ。吉良上野介こと吉良義央《よしひさ》は幕府の儀式を司る旗本高家《こうけ》出身で、足利氏の流れをくむ名門中の名門である。悪名高い一方で、領地経営においては治水事業や新田開発などの功績を残しており、赤馬に乗って領内を見ながら領民の話に耳を傾けていたという逸話まで残っている。そのため、悪役として名高い吉良上野介も、領地の愛知県西尾市吉良町では現在でも人気が高いのだ。

発端となった一連の事件は歴史の用語としては「赤穂事件」が正式なものである。

忠臣蔵というのは18世紀中期に上演された浄瑠璃「仮名手本忠臣蔵」からとられた名称であり、あくまで創作された物語であるため、実際の事件とは異なる部分も見られる。

「忠臣蔵十一段目夜討之図」（歌川国芳・画）

吉良上野介（『絵本忠臣蔵銘々伝』国会図書館所蔵）

005 『解体新書』翻訳の中心者が杉田玄白というのはウソ

江戸時代半ば、オランダ語を介して西洋の知識を学ぶ蘭学《らんがく》が発達した。その中でもよく知られているのが、杉田玄白《すぎたげんぱく》らによる西洋医学書の翻訳作業だろう。玄白らはオランダ語で書かれた解剖書を翻訳して『解体新書』を刊行し、西洋医学研究の先駆けとなった。人体の構造に則した知識が紹介され、「神経」や「動脈」など、今日でも使われている言葉がこの翻訳作業で生まれたのである。

そんな偉大な功績を残した杉田玄白だが、実はオランダ語が苦手で翻訳作業にはほとんど参加していなかった。代わりに前野良沢《まえのりょうたく》という医学者が翻訳の中心となったが、当時は蘭学研究が始まったばかりで、良沢も十分な知識を持ち合わせていなかった。オランダ語に精通する人物は限られており、辞書も普及していなかったため、悪戦苦闘しながら翻訳作業は進められたという。

学者肌の良沢は時間をかけて翻訳を進めたかったようだが、多病だった玄白が「死ぬ前に本を出したい」と出版を焦ったため、不完全な部分を残したまま1774年に

『解体新書』は刊行された。これには良沢も多少の不満があったようだが、のちに彼らの弟子の大槻玄沢《おおつきげんたく》が改訂版を出版し、師の心残りを解消している。

ちなみに杉田玄白は『解体新書』刊行から40年以上生き続け、前野良沢より長生きした。

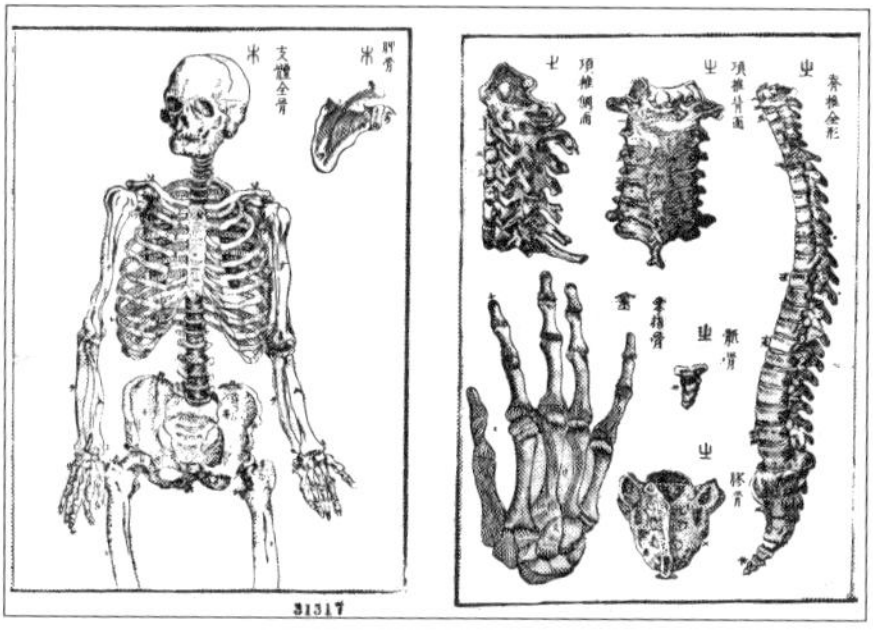

（上）杉田玄白（早稲田大学図書館所蔵）
（下）『解体新書』の内容（国会図書館所蔵）
小浜藩医の杉田玄白は外科に秀で、世間からの評価も高かった。江戸日本橋で開業し、後年は医学塾を開いて人材育成にも力を入れた

006 二宮尊徳が薪を担ぎながら読書をする姿はウソ

薪を背負いながら本を片手に勉学にいそしむ少年といえば、多くの人が二宮尊徳《にのみやそんとく》を思い浮かべるだろう。江戸時代後期、農民から身を起こし勤勉や倹約を説いて農村を復興した尊徳は、戦前は勤勉さの象徴とされた。だが、薪に本というイメージを後世に伝えた尊徳の弟子自身が、その信憑性は保証できないとしているのだ。

二宮尊徳（© Tak1701d）

銅像の逸話は尊徳の弟子が記した『報徳記《ほうとくき》』にある。幼少期の記述は尊徳死後に村人から聞いた話をまとめたものだが、尊徳が働き始めたのは14歳頃だと考えられており、さらに実際の尊徳は、成人すると身長約１８０センチ、体重90キロを超える大男となった。当時の男性の平均身長が約１５５センチだったことを考えるとかなりの大柄だ。地道な農村復興活動は、こうした立派な身体あってのことと言えるかもしれない。

007 柳生十兵衛が隻眼だったというのはウソ

江戸初期の剣豪柳生十兵衛《やぎゅうじゅうべえ》は、片目に眼帯をつけた隻眼《せきがん》の剣豪として知られている。徳川家に剣術指南役として仕え、早くから剣術の才能を発揮していた隻眼剣士として描かれるが、実は十兵衛が隻眼だったと伝える同時代の史料は存在しない。「隻眼の最強剣士」は十兵衛をかっこよく脚色するための創作である可能性が高いのだ。

昭和初期の書籍に紹介される柳生十兵衛。きちんと両目がある（『人と剣』国会図書館所蔵）

兵法書を著し武芸に秀でた十兵衛は、若い頃に3代将軍徳川家光の怒りに触れて謹慎を言い渡された。その間12年、剣術修行に身を入れていたと十兵衛自身は記録に残しているが、いつの間にか諸国を巡って修行や山賊退治をしていたという逸話が広まってしまった。その1つとして、父との稽古中に片目を失明した逸話が伝えられ、現在に至っていると考えられている。

008
「佐々木小次郎」が宮本武蔵と戦ったというのはウソ

佐々木小次郎（右）と宮本武蔵（左）。この戦いは江戸時代から歌舞伎の演目として人気を集めた

巌流島《がんりゅうじま》の戦いで死闘を繰り広げた宮本武蔵と佐々木小次郎。吉川英治の小説『宮本武蔵』によって2人の決闘は広く知られ、今なお人気を集めている。

だが、この決闘を記した初期の史料には武蔵の対戦相手は佐々木小次郎ではなく巌流とある。巌流は佐々木小次郎の別名だと言われることもあるが、それは後世のあとづけで、実際には武蔵の決闘相手がどのような人物なのかわかっていないのだ。一説には決闘時の巌流は70歳を超えた老人だったと言われている。その上、同時代の史料には、武蔵が倒した巌流が息を吹き返すと武蔵の弟子が集団で巌流の息の根をとめたという記録があるぐらいだから、現在伝わる決闘話にはかなりの脚色があると言わざるをえない。

009 明智光秀が「敵は本能寺にあり」と言ったというのはウソ

「敵は本能寺にあり！」

織田信長に反旗を翻した明智光秀が放ったとされる有名な台詞だ。しかし、この台詞を明智光秀が口にしたというのはまったくのでたらめで、信長襲撃の意図はぎりぎりまで隠されていたという。

この台詞の初出は本能寺の変から100年ほど経って成立した『明智軍記』で、そこに「敵は四条《しじょう》本能寺・二条城にあり」と記されている。だが、この史料は著者不明の上間違いが多いため、史料的価値は低い。

それでもこの台詞が広まったのは、江戸時代後期の学者頼山陽《らいさんよう》が記した『日本外史《にほんがいし》』が影響している。『日本外史』は平安時代から江戸時代までの歴史を記した書物で、幕末・明治期に広く読まれ、そこに明智光秀の発言として「吾が敵は本能寺にあり」と記されている。だが、この箇所は『明智軍記』などのフィクションを参考にしているようで、史料的な根拠はないと考えられているのだ。

010 織田信長が豊臣秀吉のことを猿と呼んだというのはウソ

裏切りが渦巻く戦国乱世であっても、主君のために身命を賭す者は少なからずいた。のちに天下人となって日本を牛耳った豊臣秀吉もその1人で、主君織田信長の前では平身低頭を貫いた。

そんな秀吉に信長がつけたあだ名が「猿」。読者の方々も、信長から「猿」と呼ばれた秀吉が、嬉々として返事をする姿をテレビで一度は見たことがあるのではないだろうか。

しかし、そんなお馴染みの光景とは裏腹に、信長が秀吉のことを猿と呼んだという記録はない。信長が秀吉の妻ねねに宛てた書状では浮気を繰り返す秀吉のことを「はげねずみ」と記しているが、これが普段の呼び名であるかは不明である。

では猿というあだ名が空想だったのかというとそうでもないようで、同時代の史料には秀吉が猿に似ていると記したものが多く残っている。そのため、江戸時代に入ってからはそのイメージがさらに促進されて信長と結び付けられたのだろう。

011 真田幸村が「幸村」と名乗ったというのはウソ

今なお時代劇やゲームで人気を博す戦国武将・真田幸村《さなだゆきむら》は、大坂の陣で豊臣方に付いて家康を追い詰め、他の大名から「日本《ひのもと》一の兵《つわもの》」として高く評価された人物だ。江戸時代には娯楽作品で勇猛果敢な知将として描かれ、庶民の人気を集めた。

そんな真田幸村だが、「幸村」という名前は軍記物の創作で、本名は「信繁《のぶしげ》」だった。周りから「幸村」と呼ばれたこともないし、まして自ら幸村と名乗ったことなどないと考えられているのだ。

「真田信繁」の肖像画（上田市立博物館所蔵）

幸村の名前が最初に登場したのは１６７２年に成立した軍記物『難波戦記《なにわせんき》』で、この物語がヒットしたことでその名が広く知られるようになった。真田氏が藩主を務めた松代藩《まつしろ》（長野県長野市松代町）でも幸村という名で史書に記録が残っているほどだから、その別名の認知度は相当高かったのだろう。

012 徳川家康が源氏の血筋というのはウソ

戦国武将の家系図を見ると、その先祖は平安時代の名家や武勇に優れた鎌倉武士など、名門に連なっている場合が多い。

というのも、実際はそんな立派な出自の武将は稀だったからで、ほとんどは脚色されたものである。「名門はやはり違う」という印象を与えたかったのだろうが、皆が皆同じことをするから「そんなわけないだろう」と真に受けない者も多かったようだ。

それでも見栄《みえ》を張りたい武将は減らないわけで、三河《みかわ》の松平《まつだいら》家出身の徳川家康の系図を見ると、先祖は源氏にまでさかのぼる由緒ある家柄であることが強調されている。だが、もちろんこれも創作で、それ以前には藤原氏を名乗ったこともあり、先祖は賀茂氏を名乗ったこともあるようだ。

実際の松平氏の遠祖は野武士や山賊のようなものだったらしく、名門だと自慢できる家柄ではない。これでは示しがつかないと、名家の看板を借りているうちに脚色が濃くなったのだろう。

013 高杉晋作がつくった奇兵隊に身分差がなかったというのはウソ

身分の垣根を越えて志願兵を集め奇兵隊を創設した長州藩の高杉晋作《たかすぎしんさく》は、幕末志士の中でも人気が高い。偏見を捨てて西洋技術を活用した天才として描かれることが多いが、実は我々が思っているような平等な部隊を創ったわけではなかった。

確かに奇兵隊には足軽や農民などが参加していたが、中には人数合わせのため無理やり入隊させられた者も多く、藩の役に立ちたいとか尊皇攘夷運動に共鳴したとかいうようなやる気ある志願兵ばかりではなかった。

高杉晋作（国会図書館所蔵）

その上、隊服は身分によって区別されており、隊規にも身分の区別をきちんとするよう記されていた。これでは平等も何もないだろう。西洋式の訓練によって屈強な部隊となった奇兵隊だが、世間一般に思われているほど身分の自由な部隊ではなかったようだ。

014 吉田松陰が松下村塾を設立したというのはウソ

前ページで紹介した高杉晋作や、桂小五郎、伊藤博文など、優秀な人材を輩出した松下村塾《しょうかそんじゅく》。その塾頭が、大河ドラマの主役にもなった吉田松陰《しょういん》だ。誠意を持って行動すること、相手を信頼すること、短所を責めずに長所を伸ばすことなど、いかに生きるべきかを説いた松陰は、維新を志す若者の精神的な支柱でもあった。

「なるほど、松陰の塾だから松下村塾なのか」と思ってしまうが、この塾を設立したのは彼の叔父・玉木文之進《たまきぶんのしん》で、名前の由来は塾のある場所が松本村だったからというシンプルなものだった。松陰が塾頭になったのは、黒船に乗って海外に渡ろうとした罪で自宅謹慎扱いとなった頃で、それ以前から塾は存在していた。ただ、子弟の教育に限定されていた塾を広く開放した松陰の試みは大きな成功を収めることになった。

松陰自身も幼少期に、松下村塾で玉木文之進の厳しい教えを受けた（山口県文書館所蔵）

015 西郷隆盛の名前が本名というのはウソ

薩摩藩の代表として討幕派の中心となり、明治維新を主導した西郷隆盛。日本人なら誰もが知る名前だが、彼の本名は西郷隆盛ではないのだという。それも隆盛が愛称だったなんてレベルではなく、「隆永《たかなが》」という本名があるにもかかわらず父親の名前である隆盛を名乗っていたのである。

そのきっかけは明治初期、維新功労者への叙勲のため書類が作成されたときのことである。当時は幼名や愛称など複数の呼び名があることが多く、本名が知られていない場合が少なくなかった。西郷もその１人で、あいにく本人は遠征中で不在だったため本名がわからなかった。そこで西郷の友人に尋ねることになったが、その友人も普段から「吉之助《きちのすけ》」と通称で呼んでいたため名前を思い出せず、それどころか誤って西郷の父親の名前を伝えてしまった、ということで隆盛の名前が定着したわけだ。

だったら自分で直せばいいのにと思うが、なぜか西郷自身が特に反対しなかったのだという。大物はやはり考えることが違うようだ。

016
中浜万次郎が「ジョン万次郎」と呼ばれていたというのはウソ

19世紀半ば、漁の最中嵐に遭い、アメリカ船に拾われた中浜万次郎ことジョン万次郎。彼はそのまま船に乗ってアメリカに渡ると、英語や航海術、民主主義などを学び、帰国後は日米和親条約の締結や通訳などで活躍した。

なぜ彼が「ジョン」と呼ばれているのかご存知だろうか？　アメリカでの名前がジョンだったのではと思った方もいるかもしれないが、実は万次郎がジョン万次郎と呼ばれたことは一度もない。この呼称は作家の井伏鱒二《いぶせますじ》が１９３７年に発表した『ジョン萬次郎漂流記』という小説の中で用いたもので、生前の万次郎はそのような呼称ではなかった。アメリカに渡った万次郎の実際の愛称はジョン万次郎ではなく「ジョン・マン」。彼を拾ったアメリカ船の愛称が付けられたのだという。

中浜万次郎。黒船来航後は幕府の命で対外政策に関わった

017 新選組の沖田総司が美男子だったというのはウソ

幕末に京都の治安維持のため結成された新選組の中で、一番隊組長沖田総司《おきたそうじ》は特に人気が高い。若くして組内随一の剣の実力を持っていながら、結核に体を蝕まれて病死した悲運の天才。その上明るくて美男子だったというのだから人気が出ないはずがない。

だが、残念なことに沖田が美男子だったと伝える記録は存在しない。美男子というのは沖田を飾るため小説や映画が仕組んだ脚色で、新選組関係者の証言では「目が寄っていて色黒」な人物だったという。

ただ、写真や肖像画が残っていないため、どのような容姿だったのか詳しいことはわかっていない。美男子とはかけ離れたヒラメ顔の肖像画は有名だが、あれは沖田の姉が孫のことを「総司に似ている」と言ったことから描かれたもので、本人ではない。

その一方で、明るい性格で笑顔に愛嬌があり、子どもにも優しい人物だったと伝わっている。見た目はともかく、中身は人に好かれる好青年だったようだ。

018 一橋慶喜を将軍にするために篤姫が大奥に送られたというのはウソ

篤姫《あつひめ》は13代将軍徳川家定《いえさだ》の正室で、ある使命を帯びて大奥に入っていた。次期将軍に一橋慶喜《ひとつばしよしのぶ》を就かせるための工作活動だ。大奥では倹約家の一橋慶喜が将軍に就任したら大奥の予算が削られてしまうことを危惧し、紀伊《きい》藩の徳川慶福《よしとみ》を支持する声の方が大きかった。大奥の発言力を無視できないと考えた慶喜派の薩摩藩主島津斉彬《しまづなりあきら》は、自分の養女篤姫を将軍の正室として嫁がせ、状況を打破しようと図ったのだ――。

篤姫

だが、近年はこの通説が覆《くつがえ》されつつある。篤姫が嫁いだ頃は家定が将軍に就任する前で、次期将軍問題はまだ表面化していなかった。この輿入れは子どもがいない家定のために、子沢山だった11代家斉《いえなり》の正室で島津家出身の広大院《こうだいいん》にあやかったもの。工作の指示があったのは、婚約から3年後、正式に大奥入りする頃だったと考えられている。

019

「板垣死すとも自由は死せず」が板垣退助の言葉というのはウソ

政治を独占していた薩長勢力への反対から火がついた自由民権運動。国会開設を目標に国民の自由や権利を要求して全国的に広がった運動で、その指導的立場にあって人気を集めたのが維新政府の元メンバー板垣退助《いたがきたいすけ》だ。

板垣が演説中に暴漢に刺されて言ったとされる「板垣死すとも自由は死せず」は有名な台詞だが、実はこの台詞は板垣自身が発したものではない。

板垣退助

報知新聞の取材によると、これは板垣の秘書・内藤魯一《ろいち》が叫んだ言葉で、内藤自身が板垣の言葉として伝えたのだという。板垣自身は「痛くて声も出なかった」と書物で当時を回想している。現場は入り乱れていたため正確な状況を把握するのは難しいが、土佐弁で叫んでいたり、「痛い、医者を呼んでくれ」と叫んでいたとも言われている。

020 一休さんがとんち小僧だったというのはウソ

一休《いっきゅう》さんといえば、無理難題をつきつけられても機転をきかせて見事に切り返すとんち小僧というイメージがあるだろう。

一休さんこと一休宗純《そうじゅん》は室町時代、後小松《ごこまつ》天皇の子として生まれたと伝えられており、大寺院である大徳寺の住持を務めたお坊さんだ。出自や経歴は立派だが、実際は戒律を破って酒を飲み肉を食らい、男女を問わず淫行に走り、ドクロを持ち歩いて正月の挨拶に回るという破天荒な人物だった。

一休宗純

だが、こうした奇行には、戒律を破っているのに偉そうにしている偽善的な僧侶を非難したり、死という現実が必ず訪れることを暗示していたりと実は奥が深い。また、自由奔放に生きながら常識破りの詩集をつくって文化人にも影響を与えており、とんち小僧以上の傑物だったことがひしひしと伝わってくる。

021 栄西が生涯禅僧だったというのはウソ

鎌倉時代から室町時代にかけて、武家や庶民にまで広がった新たな仏教宗派の1つが、栄西が中国から持ち込んだ臨済《りんざい》宗だ。臨済宗は坐禅《ざぜん》によって自分自身を鍛えて悟りを目指す禅宗の1つで、そのストイックな姿勢が武士の支持を集めた。

その臨済宗の開祖とされるため栄西は、在世中は天台宗の密教僧として名高い人物だった。朝廷や幕府からは国家安寧や雨降らしなど祈禱《きとう》の依頼が絶えない優秀な密教僧で、栄西自身が興した流派も元は密教から派生していた。禅が宗派として組織化されたのは彼の弟子たちの時代になってからである。

栄西

栄西が禅宗を取り入れたのは、政治の道具となった仏教界を立て直すため。当時は既存の仏教団体の反対にもあったが、鎌倉では禅による仏教再興を図りながら密教儀式を行っていたようだ。

第２章
人物にまつわるウソ【世界編】

022 ナポレオンが白馬にまたがって山を越えたというのはウソ

フランスの英雄ナポレオン。白馬に乗ってアルプス山脈を越える絵画の知名度はかなり高いだろう。ところが、そこに描かれているのは脚色された英雄の姿なのである。

1800年、ナポレオンは北イタリア侵攻のためのアルプス越えを、紀元前のカルタゴの将軍・ハンニバルが行ったアルプス越えに重ね、自身を奮い立たせたという。

「アルプスを越えるボナパルト」（ポール・ドラローシュ画／1850年）

そこで、宮廷画家に「白馬で力強くアルプスを越えんとする私を描け」と命じたという。つまりあの絵はナポレオンの希望であのように描かれており、実際は白馬でなくラバに乗って山を越えたと言われ、そちらの絵画も残っている。自分の功績が後世に残るものと考えての判断ならば、さすがと言うべきかもしれない。

023 マリー・アントワネットが「パンがなければお菓子を食べればいい」と言ったというのはウソ

18世紀、贅の限りを尽くし、最期はギロチンで処刑されたフランス王妃マリー・アントワネット。市民が食糧難にあえいでいると聞いて「パンがなければお菓子を食べればいいじゃない」と言ったという逸話は有名だ。だが、彼女の人物像もあいまって、この言葉はもはや本来の意図を離れて一人歩きしてしまっているのだ。

マリー・アントワネット

出典はフランスの哲学者ルソーの『告白』で、「とある王女が『パンがないのならブリオッシュを食べればいいのでは』と言ったのを思い出した」とある。ブリオッシュとはバターや砂糖をふんだんに使ったパンのことで、贅沢品だった。「お菓子」はブリオッシュのことだろう。世間知らずな発言ではあるが「とある王女」が誰なのかはっきりしておらず、イメージに合うアントワネットの発言とされてしまったという。

024

『東方見聞録』のマルコ・ポーロが日本を訪れたというのはウソ

「黄金の国ジパング」は、14世紀の冒険家マルコ・ポーロが残した言葉とされる。平泉の中尊寺《ちゅうそんじ》金色堂《こんじきどう》を見ての言葉だというが、そもそもマルコ・ポーロは日本を訪れていない。マルコ・ポーロはヴェネチアの商人だった父についてアジアを巡っていた。その時に見聞きしたアジアについてまとめた『東方見聞録』の中に先の言葉も残っている。しかし、彼が訪れたのは中国やモンゴルあたりまでで、そこの商人から「日本には黄金でできた建物が造れるほど金があるらしい」という話を聞いたにすぎないのだ。

タタールの衣装を身につけたマルコ・ポーロ

『東方見聞録』は後に文字に起こされたもので原本は残っていない。多言語に翻訳された写本はそれぞれに少しずつ差異がみられ、あまりに統一性がないためマルコ・ポーロという人物が存在しなかったという説まで出ているのである。

025 アメリカ大陸へ最初に渡った西洋人がコロンブスというのはウソ

『東方見聞録』の発表によってヨーロッパ商人の目はアジアへ向き、大航海時代が幕を開けた。当時の冒険家クリストファー・コロンブスは西洋人として初めてアメリカ大陸に渡った人物だと教えられたかもしれない。ところが、コロンブスよりも数百年前にアメリカ大陸へ渡った民族がいたのだ。

それは、西暦1000年頃の北欧のヴァイキング、レイフ・エリクソンとされる。コロンブスが「新大陸」に到達したのが1490年頃であるが、それより500年は古い居住跡が発見された。それ以前から、北欧の古い文献にはヴァイキングたちが北アメリカ大陸に上陸したという記述があったが信憑性が薄いと考えられていた。ところが1960年にアメリカの東部のニューファンドランド島で居住跡が発見されたことで通説は覆されたのである。

ニューファンドランド島のランス・オ・メドー遺跡に残された家

026 「コロンブスの卵」の話を発案したのがコロンブスだというのはウソ

「コロンブスの卵」という逸話がある。彼の功績を妬んだ人々に「大西洋をただ西へ進めば大陸を発見することなど造作も無い」と言われたコロンブスは卵を立ててみるよう彼らに言った。誰も立てられないのを見たコロンブスは卵の底をへこませ、卵を立てた。「そんな簡単なこと誰でも出来る」と憤る人々に、「既に誰かがやったことなら口で言うのは簡単だ」と返したという内容だ。

クリストファー・コロンブス。出生については謎の多い人物である

この話は、コロンブス以前から似たような内容の故事が存在している。1400年代前半に、イタリアの建築家フィリッポ・ブルネレスキという人物も同じような方法（卵の底をつぶして立てる）を用いて相手を説き伏せている。最初の発案者が誰かは定かでないが、古くから語り継がれてきた逸話なのだろう。

027
マゼランが船で世界一周したというのはウソ

大航海時代の有名人の1人、フェルディナンド・マゼラン。太平洋を経由して東南アジアに辿り着き、1522年に世界一周を果たしたポルトガルの冒険家だ。しかし、実際に世界一周をしたのはマゼラン個人ではなく、マゼランの船団だ。長い航海の途中に力尽きる船員は多く、マゼランも世界一周の途中で息絶えてしまったのである。

マゼラン一行はスペインから太平洋を横断し、フィリピンのセブ島にたどり着いた。初めは現地の人々やセブ王とも親しくなったマゼランだが、そのうち彼らや周辺諸島の人々にキリスト教への改宗を強引に迫るようになった。それに不満を抱いた現地の人々に殺されてしまったのである。

「マゼランの死」（1860 年頃）

マゼランが世界一周したことになったのは、過去に東回り航路でインドに行ったものと合わせると世界を一周したことになるためだと考えられている。

028
ガリレオが「それでも地球は回っている」と言ったというのはウソ

16～17世紀のイタリアの科学者ガリレオ・ガリレイは、コペルニクスの地動説（地球が太陽を周回するという説、208ページ参照）を支持した。彼はローマ教会の異端審問にかけられながらも地動説を訴え続け、有罪の判決を下されても「それでも地球は回っている」と言い放ったという逸話がある。

しかし、実際はそんなことを言う余裕はなかったとされ、あくまで伝説である。

ガリレオは教会に逆らっていたと捉えられがちだが、実は敬虔なキリスト教徒であった。カトリック教会もまた、ガリレオの支持する地動説は教義に反するとして支持しなかったが、ガリレオ個人の科学者としての功績は評価していたようである。

ガリレオに対する異端審問は2回行われており、1回目は「今後コペルニクスの説を支持したり弁護してはならない」という判決で、罰は与えられなかった。

「それでも地球は回っている」発言があったとされるのは、2回目の異端審問である。第二次異端審問の8ヶ月前に出版された『天文対話』内の表現に当時のローマ教皇が

「ヴァチカンの宗教裁判所に引き出されたガリレオ」(1846年)
有罪判決を受け、地動説を捨てるという「宣誓」をさせられている

不快感を示したため、ガリレオはローマの異端審問所への再出頭を余儀なくされた。

その時ガリレオは高齢になっており、身体は衰弱していた。「ローマ行きはご容赦願いたい」という医師の診断書まで出されていたが聞き入れられず、自宅があるフィレンツェからローマに行くことになった。そのような状態のガリレオが渦中で周りを挑発することを言えるとも考えにくい。

ガリレオの死後も名誉が回復しないまま、20世紀の終わり頃、教皇ヨハネ・パウロ2世がガリレオ裁判の誤りをガリレオに謝罪し、2008年に教皇ベネディクト16世がガリレオの功績を讃え公式に地動説を認めた。約400年の時を経て、ガリレオはようやく教会に認めてもらえることになったのである。

029 ニュートンが木から落ちるリンゴを見て万有引力の法則を発見したというのはウソ

ニュートンの万有引力の法則が発見されたときの「庭の木からリンゴが落ちるのを見てひらめいた」という逸話はあまりに有名だが、やはりこれもウソなのだ。

この逸話は、ニュートンの周りの人々が後に言い出したこととする説が有力である。ウィリアム・ストゥークリというイギリスの作家が書いたニュートンの生活記録の中にリンゴの木の話があり、フランスの哲学者ヴォルテールも自身のエッセイの中で、ニュートンの姪からリンゴの木の話を聞いたと記している。逸話の出所はおそらくこの2ヶ所にあるだろう。

アイザック・ニュートン

ガリレオの逸話と同じことが言えるが、偉大な功績を残した人物は「日頃から些細なことに関心を向ける」ような、然るべき偉大な言動をとっていたと思いたいのが人の心理なのだろう。

030 ダーウィンが生物学者というのはウソ

ダーウィンの『種の起源』に記される進化論を、一度は耳にしたことがあるだろう。生物は変異し、その遺伝子が子へ受け継がれることで生物が進化するというものだ。そのため勘違いする方もいるだろうが、彼は生物学者ではなく地質学者だったという。

1838年のダーウィンのノートに「私は地質学者であるけれども」との一文があり、彼自身がそう自称している。

「進化論」を発表する少し前のダーウィン（左）

彼は1831年から測量船ビーグル号に乗り、主に南米の地質を調査していた。そこで大型哺乳類化石の採集などを行ううちに、「生物の種は不変で独立したものではないのでは」と疑うようになった。

地質学者としての知名度は相対的に低くなってしまったが、彼はウォラストン・メダルという地質学界のノーベル賞を受賞したこともあり、地質学者としても結果を出しているのだ。

031 エジソンの「天才は1％のひらめきと99％の努力」が努力を推奨しているというのはウソ

天才と言われる発明家トーマス・エジソンの言葉に、「天才とは、1％のひらめきと99％の努力である」というものがある。この言葉を「どんな天才でも努力をしなければならない、99％の努力があれば報われる」と解釈し励みにした人もいるのではないだろうか。だが、現実は少々残酷なようである。

これは「1％のひらめきがなければ99％の努力は無駄である」という、まさに天才による発言だったのだ。エジソンは何よりひらめきを重要視していたと言われており、努力だけではいけないことを伝える反面、「99％の努力をしているうちにひらめきが生まれるのだ」とも述べている。

ただし、本当にエジソン自身の発言なのかと信憑性に欠けるところもあるものの、現在のアメリカでも「努力が必要だ」の意味で使われているようだ。

トーマス・エジソン

032 ライト兄弟が2人兄弟というのはウソ

世界初の有人動力飛行を達成したライト兄弟。兄のウィルバー・ライトと弟のオーヴィル・ライトが二人三脚で成し遂げた、新たな時代を切り拓く偉業であった。このように伝えられるため、彼らは2人兄弟だと思っている人もいるのではないだろうか？

1903年、初飛行の写真。傍らにいるのがウィルバー、操縦はオーヴィルである

ライト家は5人兄妹で、ウィルバーは三男、オーヴィルは四男で、2人の兄と末っ子の妹が1人いたそうだ。ウィルバーとオーヴィル以外の兄妹《きょうだい》は大学に進学しており、お金には不自由しない裕福な家庭だったと考えられる。妹は2人の飛行機事業のアシスタントを引き受けていた。

華々しい功績を残したライト兄弟だが、特許問題でたびたび諍《いさか》いに巻き込まれ「世界初」の称号も奪われた。その間にも飛行技術はどんどん進歩し、その頃のライト兄弟は数多の飛行家の1人に成り下がってしまっていたそうだ。

033 ダイナマイトが武器として使われたことをノーベルが嘆いたというのはウソ

ノーベル賞の生みの親アルフレッド・ノーベルは、ダイナマイトという画期的な爆弾を開発し巨万の富を得た。それまでの爆弾と比べて格段に扱いやすく、世界中の採掘現場などで重宝されることになる。しかし、それが強大な威力を持つ兵器として使われることになり、ノーベルはそれを嘆いたという話がある。

だが、ノーベルは現実を見ていた。ダイナマイトが兵器として使われることは想定済みだったのだ。むしろ、ダイナマイトの力が戦争の抑止力として働くことを願っていたとも言われており、発掘以外の用途も考えていた。

アルフレッド・ノーベル

武器を作って富を得たノーベルは「死の商人」とも言われ、死後どのような評価を下されるのかが気がかりだった。その思いから自分の遺産をつぎ込んでノーベル賞を作ったというのは有名な話である。

034 アインシュタインが写真で舌を出しているのはふざけていたからというのはウソ

相対性理論をはじめとする物理法則を発見したアルベルト・アインシュタイン。その功績もさることながら、彼の舌を出して写っているお茶目な写真が思い浮かぶ人も多いだろう。だが、舌を出しているのはふざけていたからではないそうだ。

誕生日パーティーのあと車に乗り込んだところを撮られた写真。両脇は友人とその妻（引用：『Как работают вещи』）

アインシュタインは生真面目な性格で、人前で笑顔を見せることがほとんどなかった。1951年、アメリカのINS通信社のカメラマンだったアーサー・サスが「笑ってください」と頼んだとき、思わず笑いそうになったアインシュタインは、とっさに舌を出すことで抵抗を試みたようだ。この写真はアインシュタインの72歳の誕生日に撮られたもので、彼自身このとき撮られた写真を気に入っていたという。焼き増しを頼んで友人に渡したとも言われており、お茶目な一面も本当にあったのかもしれない。

035 宇宙飛行士テレシコワが「わたしはカモメ」という詩的な台詞を残したというのはウソ

1963年6月16日、史上初の女性宇宙飛行士が宇宙へ飛び立った。ソ連（当時）のワレンチナ・テレシコワだ。彼女が宇宙から地球に呼びかけた第一声は、「わたしはカモメ」というものだった。この詩的な響きに胸を打たれた人もいるかもしれないが、これはあらかじめ用意された台詞だったそうだ。

テレシコワ（中央）と、当時のソ連書記長フルシチョフ（右）とガガーリン（左端）（© RIANbot explorer）

「カモメ（ロシア語でチャイカ）」はテレシコワに与えられた個人識別用のコールサインであり、事務的な応答として「ヤー・チャイカ（こちらカモメ）」という言葉を発したにすぎない。この言葉が広く報じられたのは、ロシアの戯曲作家チェーホフの『かもめ』の中で登場人物のニーナが言う「私はカモメ（ヤー・チャイカ）」と同じだったからだとされる。本来の意図と違っても、この詩的な台詞は世界中、そして日本にも広まり流行語になったのだった。

036 アメリカ初代大統領ワシントンの「桜の木の話」はウソ

アメリカ合衆国建国の父、ジョージ・ワシントン。初代アメリカ合衆国大統領としてその名を知らない人はいないだろう。彼の伝記を読んでいると、必ず目にする「桜の木の話」がある。ワシントンが幼い頃に与えられた斧でどうしても試し切りがしたくなり、父が大切にしていた桜の木を切ってしまった。当然父は怒ったが、ワシントンが正直に申し出たのでそれを評価し、過ちを許したというものだ。

「正直であれ」という教訓を与える逸話だが実はこの話、完全なる捏造である。ワシントンの死後、1800年にロック・ウィームズという牧師が出版した『逸話で綴るワシントンの生涯』という本に記される話なのだが、初版本にはこの話はなく、1806年発行の第5刷から掲載されているのだ。牧師が「ワシントンの良い話を書けば本が売れる」と考えた末の作り話にすぎず、本は牧師の思惑通り飛ぶように売れたそうだ。

しかもこの悪徳牧師は「マウント・ヴァーノン教区」の牧師だと自称しているが、その教区も存在せず、彼の経歴すら不確かなものだというからとんでもない人物である。

037 奴隷解放の父リンカーンが黒人差別をしていなかったというのはウソ

「人民の人民による人民のための政治」という有名な演説を行った第16代アメリカ大統領エイブラハム・リンカーン。彼は南北戦争の最中に黒人奴隷解放宣言をしたことで「奴隷解放の父」とも呼ばれている。

しかし、リンカーンが黒人差別をしていなかったかといえば、そうではない。彼は南北戦争中の演説で「この戦争における私の至上の目的は、連邦を救うことにあり、奴隷制度を救うことにも、滅ぼすことにもありません」と述べている。つまり、奴隷解放宣言を出したのは、あくまでアメリカという国を1つにまとめるべく、まずその戦争を終わらせる必要があったからにすぎない。

そのため、奴隷解放宣言では奴隷を解放する州は南部に限られ、北部の奴隷州では奴隷は解放されないままであった。当時の白人は、黒人が白人と同じ土俵に立つことなどありえないと考えており、リンカーンもその白人の1人だったということだろう。

それを裏付けるかのように、リンカーンは黒人に関して「白人と黒人の社会的・政

閣僚に奴隷解放宣言の初稿を提示するリンカーン（左から３番目／ 1864 年）

治的平等をもたらすことを好んだことはない。私は、ここにいる誰もと同じように、白人に与えられている優等な地位を、保持することを好んでいる」といった旨を黒人奴隷解放論者との対談において発言している。ただし、「だからといって黒人のすべてが否定されていいということではない」という発言もあり、頑《かたく》なな黒人奴隷論者でもなかったようだ。当時のアメリカにおいて、白人が黒人より優位にあることは疑いようもない「常識」だったのである。

リンカーンによる奴隷解放宣言によって黒人の奴隷は解放され自由を得たように見えたが、黒人への差別がなくなったわけではなかった。衣食住を確保するために、彼らは引き続き白人の下で働かざるを得なかったのである。

038 ビリー・ザ・キッドが西部開拓時代の英雄だったというのはウソ

西部劇が好きな人にとって、ビリー・ザ・キッドという名前はお馴染みだろう。アメリカ西部開拓時代のアウトローで、弱きを助け強きを挫く義賊として知られている。そんな「カッコイイ」印象の彼は、実は英雄などではなかったのである。

1859年に生まれたビリーは本名をウィリアム・ヘンリー・マッカーティという。12歳のときに初めて人を殺し、それから21歳でこの世を去るまで十数人を殺害、他にも牛を盗むなどの罪を犯した当時としてはよくいる強盗であった。

ビリー・ザ・キッド。背は低く出っ歯で粗暴者だったようだ

英雄として描かれるきっかけは、1877年のリンカーン郡戦争である。映画ではタンストールという牧場主とドランという同地域の商業権を牛耳る悪徳商人による争いとして描かれ、タンストールについたことで「弱者の側に立つビリーが悪徳商人に挑む」という構図ができたのだろう。

039 カエサルが暗殺されたときに「ブルータス、お前もか」と言ったというのはウソ

腹心の部下であったはずのブルータスに裏切られたユリウス・カエサルは今際《いまわ》の際《きわ》に「ブルータス、お前もか」と言い放った——。何とも劇的な臨終の場面である。

しかし、本当にそう言ったかは明らかになっておらず、紀元1世紀のローマの歴史学者たちがカエサルの臨終について既に議論を行っていたという。現在有力な説は、イギリスの作家シェイクスピアによる創作とする説だ。シェイクスピアの『ジュリアス・シーザー』において「ブルトゥス、お前もか？　もはやカエサルもここまでか！」と後に続く台詞も存在する。

ただ、シェイクスピア以前にもこのような台詞は存在していた。カエサルの時代の歴史書『皇帝伝』の中には古代ギリシャ語で「息子よ、お前もか」と書かれており、当時からそのような言い回しがあったとも考えられるのだ。

『カエサルの死』（1798年）

040 クレオパトラが絶世の美女だったというのはウソ

中国の楊貴妃《ようきひ》、日本の小野小町《おののこまち》と並ぶ世界三大美女の1人が、エジプトのクレオパトラである。美醜の感覚は時代や個人によっても異なるため、当時の人々にとっては美しく見えたのだろう……と自分を納得させた人もいるかもしれない。

ところが、クレオパトラは当時の人々から見ても絶世の美女とはいえなかった。彼女の容姿のイメージは後世、しかもわりと最近になって作り上げられたものなのだ。

彼女に惚れ込んでいたというカエサルは「クレオパトラは知的でカリスマ性があり、魅惑的な声を持っていた」と知性や声は褒めても、容姿については触れなかった。顔立ちが特別美しくなくとも、数ヶ国語を操れたという頭脳と「楽器のようだ」という美しい声での話術は比類なきものだったようで、当時の男性が魅了されたのはそういう点なのだろう。

「絨毯の中からカエサルの前へ現れるクレオパトラ」（部分／1866年）

041 「五賢帝」がローマ帝国で最も優れた5人の皇帝を意味するというのはウソ

約1000年もの間続いた古代の大国・ローマ帝国の、ある5人の皇帝を「五賢帝」と呼ぶ。字面からローマ帝国の中でも優秀な5人の皇帝かと思ってしまうところだが、それは誤解である。五賢帝と呼ばれる皇帝は、パクス・ロマーナ（ローマの平和）と呼ばれる「人類が最も幸福だった時代」に皇帝だった5人を指すのであり、その政治手腕について言及しているのではない。その期間は約100年間で、5人のうち2人目のトラヤヌス帝のときにローマ帝国の領土は最大になった。

だが、3人目のハドリアヌス帝は4人目の皇帝アントニヌス・ピウスの口添えがなければ、神格化されていなかったかもしれない（一般的に皇帝は死後神格化される）。五賢帝には名君もいれば普通の皇帝もいたのである。

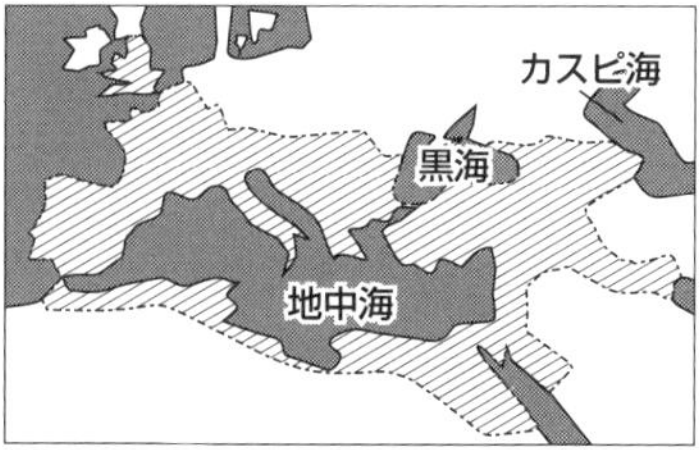

トラヤヌス帝時代のローマ帝国の領土（斜線部分）。西はイベリア半島から東はカスピ海、ペルシャ湾まで広がっていた

042 ネロ皇帝が暴君だったというのはウソ

世界史の暴君と聞いて、誰を思い浮かべるだろうか。数多の暴君の中でも一、二を争うのがローマ皇帝ネロである。ネロ皇帝の悪行といえば、母親殺しに始まりローマ大火、キリスト教徒の迫害、芸術家気質による暴政など、どれか1つだけで十分だと言いたくなるようなレベルのものが挙げられる。

そんなイメージがすっかり定着しているが、近年ネロは本当に暴君だったのかという議論が起こるようになった。というのも、ネロが暴君という扱いを受けるのは、キリスト教史観によるものだからだ。親殺し、子殺しなどは、キリスト教を公認したことで教会から聖人扱いを受けるコンスタンティヌス帝も行っていたことで、確かに許される行為ではないのだがネロ特有の残虐行為かと言われるとそうではない。

また、ローマ大火のとき、ネロは丘の上で街が焼けていくのをヴァイオリンを弾きながら眺めたとも言い伝えられるが、ネロによる放火という確証はない。ネロは焼失した街の復興に力を入れたが、皇帝の日頃の行いから市民の間で「皇帝が街に火を放っ

「ローマの大火(The Fire of Rome)」ユベール・ロベール画(アンドレ・マルロー美術館所蔵)。橋の中央に立つのがネロ

た」という噂が流れるようになった。これに危機感を覚えたネロのとった行動が、「放火の犯人をキリスト教徒に仕立て上げる」というキリスト教徒の迫害だったのである。この一件が、ネロを暴君と言わしめたと言ってもいいかもしれない。

ネロ皇帝の初めの5年間は、なんと「ローマ最良の時代」と呼ばれるほどに安定した政治を行っていたそうだ。ローマの安定を目指し、無理に領土を拡大しようとはせず、ローマのさまざまな制度にも手を加え改良していた。一度ついた汚名はそう簡単に返上できるものではないが、こうしたプラスの面にもようやく光が当たり始めている。

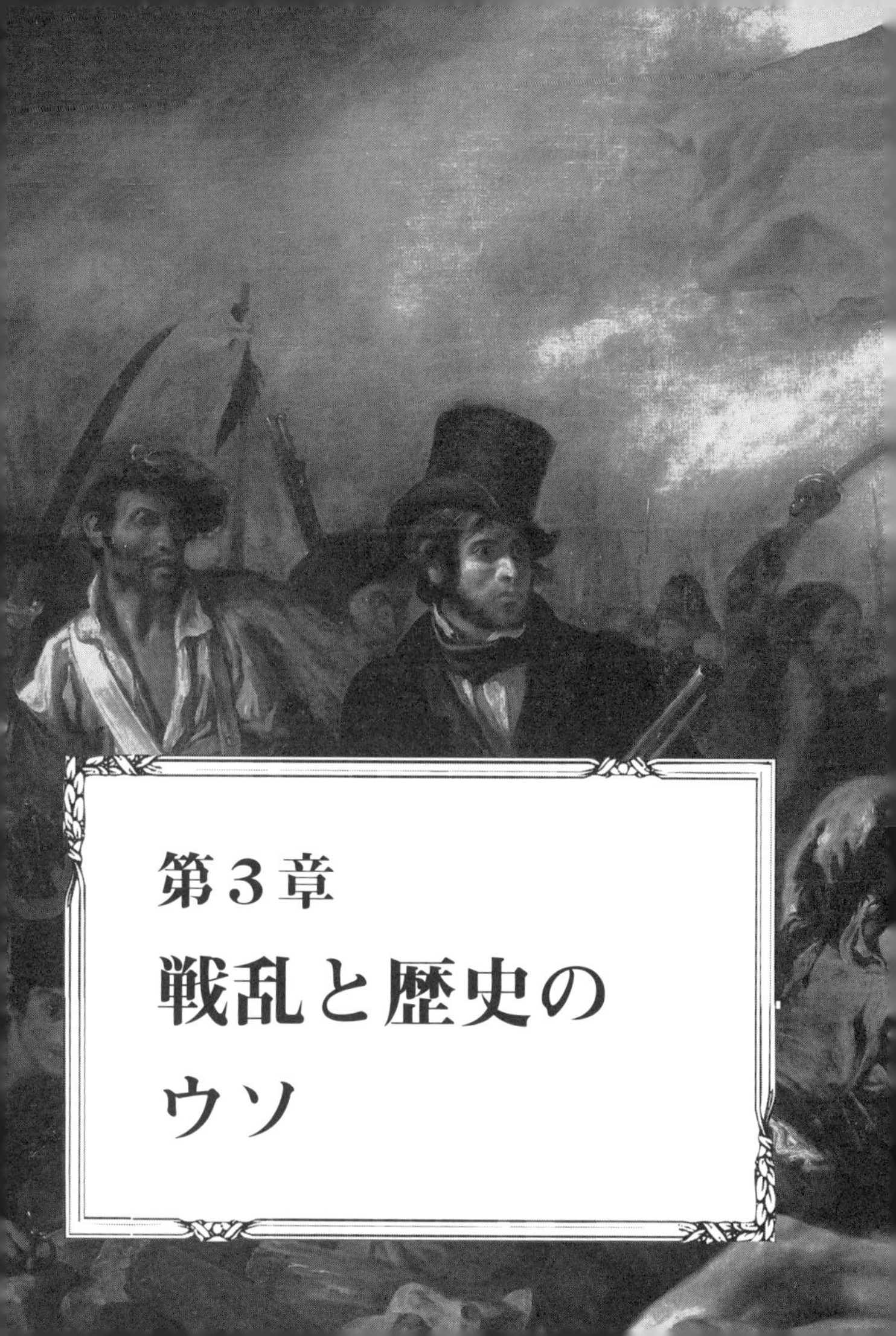

第3章
戦乱と歴史のウソ

043 長篠の戦いで織田軍が鉄砲の三段撃ちを行ったというのはウソ

日本史で最も有名な武将の1人、織田信長の戦術としてよく知られるのは、鉄砲の三段撃ちではないだろうか。1575年、長篠の戦いにおいて3000挺《ちょう》もの鉄砲を用いたと言われる戦術だ。

しかし、近年ではこの鉄砲の三段撃ちはウソだったという説が定着しつつある。長篠の戦いといえば、武田の騎馬隊vs織田の鉄砲隊という構図が定番だが、武田の騎馬隊については122ページを参照していただきたい。

織田軍の鉄砲戦術に話を戻そう。実際に織田軍が所持していたと考えられる鉄砲は1000挺ほどだったし、そもそも三段撃ちとは非常に効率の悪い戦法なのである。

一列目が撃ち終わったら最後尾に下がり火薬を詰め直し、二列目が前に出て撃ち終わったらまた最後尾に……。このようなやり方をするならば、移動のために横の間隔を相当とらなければならないが、織田軍が陣を敷いていた設楽原《したらがはら》は山と川に挟まれており、あまり空間に余裕はなかった。それに、戦の最中にそのような複雑な動作をこ

「長篠合戦図屏風」（部分）
左手に織田・徳川軍の鉄砲隊、右手に武田軍の騎馬隊が見られる

なせる訓練された兵ばかりではない。現在に伝わる三段撃ちは、後世の創作だったのだ。

火縄銃の欠点として連射ができないことと装填に時間がかかることもよく挙げられるが、何十発の連射はできないにしても十数発程度なら可能であったし、装填にかかる時間もせいぜい20～30秒程度だったという。

さらに、当時の戦国大名たちはそれぞれ鉄砲を所持していたため、鉄砲を使った戦術が信長の専売特許だったというわけではない。

長篠の戦いは、信長の鉄砲を用いた戦術ゆえの勝利ではなく、織田・徳川連合軍が堅い陣を構え、攻めてきた武田軍を圧倒的兵力の差で打ち負かしたという内容だったのである。

044 桶狭間の戦いで織田軍が勝ったのは奇襲作戦のおかげというのはウソ

戦国時代の転機となった戦い、それが桶狭間の戦いである。1560年、上洛を目指した駿河の今川義元軍と、尾張の織田信長軍が桶狭間で激突し、少数軍勢の織田軍が今川軍本陣への奇襲作戦に成功して今川の大軍を打ち負かしたと伝えられる。だが、実際の勝因はそこにはないようだ。

織田軍は奇襲をかけず今川軍に正面から向かっていったとされている。信長の家臣が書いた『信長公記《しんちょうこうき》』は信頼性の高い史料として知られるが、そこには信長が奇襲を行ったとも義元が上洛を目指していたとも記されていないのだ。前日、尾張に入った今川軍は、戦いと兵糧補給のために兵が疲労していた。そのような状態の隊が先頭にいたところに、織田軍がぶつかっていった。

疲弊していた隊は敗れ、その情報が義元のいる本隊にまで届くと、今川軍は混乱に陥った。そこへ信長が畳み掛けるように攻撃をしかけ、結果的に義元の首を取ることができたのだそうだ。

『尾州桶狭間合戦』（部分／歌川豊宣・画）
今川義元（左）を織田軍の服部小平太（右）が槍で突いている

また、少数の織田軍が大軍の今川軍を破ったという点が強調されがちだ。今川軍には約2万5000の兵がいたとされるが、その中には補給係のような非戦闘員も多く、織田軍の兵約2000に対して兵力差が大きかったと考えるのは少し尚早だろう。

通説のような脚色された話が現在まで伝わってしまったきっかけは、小瀬甫庵《おぜほあん》という江戸時代初期の作家が『信長記《しんちょうき》』という壮大なフィクションを書いてしまったことにある。これは先述した『信長公記』を元にして書かれたのだが脚色が非常に多い。そんなフィクションを、明治時代の陸軍が信頼に足る戦術教本として採用してしまったため、誰も疑うことなく信長の奇襲作戦は語り継がれてきたのだ。

045 織田信長の焼き討ちで比叡山が全焼したというのはウソ

第六天魔王という異名もある信長の残忍な性格を裏付けるような行為といえば、1571年の比叡山延暦寺焼き討ち事件だろう。火は比叡山全体に燃え広がり、抵抗する者は容赦なく切り殺し、女子《おんな》どもも例外はない。延暦寺の根本中堂をはじめとする400棟近くの寺社堂塔が焼失し、犠牲者は数千人にも及ぶ虐殺だった……。これらのエピソード、実は大幅に誇張されているのだ。

信長が比叡山の焼き討ちを行ったのは事実だ。当時敵対していた浅井氏・朝倉氏が比叡山とつながりがあったため、信長は比叡山を敵視した。比叡山側も、信長が比叡山領を奪ったことで敵意を抱いていた。ただ、戦略上比叡山を敵にすべきでないと考えた信長は何度か比叡山に「こちらの味方になれ」と伝えている。それでも比叡山が肯《うなず》かなかったため焼き討ちに出たのだが、問題はその程度である。

山1つ丸ごと燃やしいくつもの堂を焼いたように言われていたが、滋賀県が比叡山の発掘調査を行ったところ、焼土層があまり見つからず、戦国時代の遺構も発見でき

『絵本太閤記』（1917年）に収録されている比叡山焼き討ちの様子。右上に「信長比叡山を焼く」と書かれている（国会図書館所蔵）

なかった。焼き討ちで失ったとされていた建造物は、戦国時代以前に焼失していたことがわかったのである。

つまり、信長が行ったのはボヤ騒ぎ程度の建物への放火だったのだ。虐殺されたとされる多くの僧侶も、焼き討ち当時は山を下りて別の場所にいたという記録もあり、こちらも誇張である可能性が高い。

当時の比叡山延暦寺は単なる僧侶の集まりではなく、武装化した僧兵を備えた1つの武装集団であったため、戦国大名にとって脅威的な存在だったのである。

046 川中島の戦いでの武田信玄と上杉謙信の一騎打ちはウソ

歴史ファンはもちろん、そうでない方にも、武田信玄と上杉謙信による川中島合戦での一騎打ちは知られているだろう。この2人がライバル関係にあったということもあり、胸が熱くなる勝負の1つだ。しかし、これも真実かどうかあやしいのである。

信玄と謙信の一騎打ちがあったという根拠になっているのが、武田方に伝わる『甲陽軍艦』という軍記物である。それによると、1561年9月10日の第4次川中島の戦いにて、一騎打ちが行われたとされており、また、いくつもの川中島合戦絵巻にも描かれている。

しかしこの史料はいわば物語であるため、信憑性に欠けるうえに、上杉側の史料には一切そういった記述は残っていない。『川中島五箇度合戦記』という上杉方の史料では、信玄と謙信の一騎打ちがあったのは1554年8月のことであると記されており、すでに食い違いが見られる。

また、同史料には『甲陽軍艦』に記される日付と同じ日に一騎打ちがあったという

武田信玄（左）と上杉謙信（右）の一騎打ち像（©Qurren）

記述もあるのだが、そのとき信玄との一騎打ちに名乗り出たのは謙信ではなく家臣の荒川伊豆守《いずのかみ》だったと伝えられている。

考えてみれば、戦いで大将が自ら一騎打ちに進み出るという可能性は非常に低い。もし本当に大将同士の一騎打ちが繰り広げられていたならば、双方の記録に大々的に残されるのではないだろうか。

一騎打ちは史実か否か、新しい史料の発見が待たれるばかりである。

047 上杉謙信がライバル武田信玄に塩を送ったというのはウソ

謙信と信玄の逸話でもう1つ有名なものがある。

駿河（静岡）の今川氏と相模（神奈川）の北条氏が手を組んで、海のない甲斐（山梨）の武田氏に塩を送らない「塩留め」を行ったが、越後（新潟）の上杉氏はそのような卑怯な手は使わず敵である武田氏に塩を送ったというものだ。「敵に塩を送る」の語源になった話である。

この胸を打つ感動エピソードも、実はウソなのだ。

正確にはウソではなく誇張していると言うべきだが、謙信はなにも卑怯だからという理由で塩留めを拒んだのではない。いくら作戦として塩を送るまいとしても、民間の交流を完全に断つことはできない。無駄な行為であるし、これを機に今までどおり塩の商取引をすれば自国の利益になるという合理的な判断を下したまでだ。あえて塩を送るという行為はもちろんしていない。

この逸話は「上杉謙信が義を重んじる人物だった」というキャラクターを演出する

ための後世の創作である。「敵に塩を送る」という故事を作ったのは、江戸時代の学者・頼山陽《らいさんよう》であるとも言われている。

さらに、この逸話には後日談もある。武田信玄は上杉謙信のこの行為に義を感じたのだろう。のちに塩を止めずに送ってくれたお礼として刀を一振り贈ったという。それは「塩留めの太刀」と呼ばれ、現代にも伝わっている。とはいえこの後日談も刀は信玄からではなくその父である武田信虎から贈られたものだという記録があり、逸話をもっともらしくするために尾ひれがついてしまったのかもしれない。

頼山陽

現在の長野県松本市ではこのときの故事になぞらえ、上杉方から送られた塩が松本に届いた日を記念して開かれた「塩市」から転じた「あめ市」なる行事が催されているそうだ。

048 三方ヶ原の戦いのきっかけは信玄が家康の居城の前を素通りしたからというのはウソ

1572年の年の暮れ、現在の静岡県浜松市にある三方ヶ原《みかたがはら》で、武田信玄と徳川家康の軍が衝突した。これを三方ヶ原の戦いという。家康が大敗した戦いだった。

この戦いは「武田軍が敵である家康の居城であった浜松城の前を素通りし、それに憤った家康が戦をしかけた」ことがきっかけだと伝えられている。ところがそう一口に言い切れない、さまざまな戦略と思惑があったようだ。

この戦いは、織田信長を討つべしという室町幕府の命令で甲斐から上京する武田軍を、織田と同盟関係にあった家康が浜松城で待ち構えていたという背景がある。しかし、武田軍は浜松城よりも西にある堀江城（浜名湖のほとりにある）に向けて進軍しているように見えた。

家康は自軍が武田軍と比べ圧倒的に兵力が劣っていたことから武田軍を見過ごすつもりだったが、それでは家臣からの信頼を失いかねないためひどく葛藤した。つまり、自軍の士気を下げないことを考えたうえでの戦いだったといえる。

ただ、当時のことが記される『当代記』によると、一般兵が進軍する武田軍を見物しようと、10騎20騎と出て行き武田軍に石を投げつけ小競り合いになった。それを撤収させようと家康が出て行ったところ、戦いに発展してしまったという記述が残っている。思わぬ不運に巻き込まれてしまったのだ。

戦いは徳川軍の劣勢で、家康は家臣に扮して命からがらその場を逃げ出したという。敗れた家康を描いた肖像画を見たことがある人も多いだろう。

ちなみにこの戦い、知名度の高さとは裏腹に主戦地がどこなのかわかっていない。「合戦跡地」として碑が建っている場所はあるものの特定にはいたっていないのである。

『徳川家康三方ヶ原戦役画像』、別名『顰み像』。家康がこの敗戦を忘れないために描かせたと伝えられる

049 秀吉が墨俣一夜城をつくったというのはウソ

現在の岐阜県大垣市にある墨俣《すのまた》一夜城は、1566年、まだ木下藤吉郎だった頃の豊臣秀吉が信長のために一夜でつくり上げ、それが出世の足がかりとなったことで有名だ。もちろん一晩で城を作り上げるなどという芸当ができるはずはないが、「秀吉が」つくったという部分も実はウソなのである。

墨俣城近景（© Hide-sp）

墨俣城をつくったのは、織田信長本人だ。秀吉が墨俣城を建築したと裏付ける史料として『武功夜話《ぶこうやわ》』が挙げられるが、現代の創作説が出ており、史料として価値があるか疑わしいという意見が有力視されているのだ。明治末に渡辺世祐《よすけ》という学者がさまざまな史料を混同し、「1566年に秀吉が一夜で築いた」ことにしてしまったらしく、『武功夜話』はそれを元に書かれているのだという。実際、秀吉は城を守る守将だっただけのようだ。

050 忍城水攻めの発案者が石田三成というのはウソ

秀吉の重臣の１人、石田三成。彼が戦場でとった戦法の１つに、現在の埼玉県行田市に存在した忍城《おし》の水攻めがある。三成＝水攻めというイメージがあるかもしれないが、忍城水攻めを図ったのは三成ではない。

日本三大水攻めの１つに数えられる忍城水攻めという戦法。同じく三大水攻めの１つである備中高松城水攻めを行った人物は誰かというと、豊臣秀吉その人である。

つまり、これも豊臣秀吉の命によって行われたにすぎないのだ。三成は水攻めではなく力攻めをしたかったという説もあるが、秀吉に従った。忍城の周りに突貫工事で堤を築いたはいいものの、突然の大雨で堤が決壊して城ではなく三成陣営を襲い、水攻めは失敗に終わったというのが通説だ。しかし実際は堤を作り終える前に忍城が開城してしまったうえ、忍城は水攻めに強い城だったので水攻めで落とすのは難しかったのではと言われている。

三成の水攻めは『関八州古戦録《かんはっしゅうこせんろく》』などの江戸時代の軍記物に由来するようだ。

051 天王山は天下分け目の舞台だったというのはウソ

「天下分け目の決戦」の代名詞といえる天王山。現在でもスポーツなどで雌雄を決する重要な試合のときに用いられる慣用句となっている。その由来は、信長を討った明智光秀と、信長の家臣だった豊臣秀吉が衝突した山崎の戦い（1582年）において、秀吉が天王山を占拠したことが勝因となったことにあると言われている。「天王山の戦い」とも言われるほど重要な拠点だったと信じられているが、事実はそうではないようだ。

光秀と秀吉が天王山を争ったと記す信頼の置ける史料は1つも残っておらず、逆に天王山ではなくふもとの湿原で戦いが繰り広げられたという記録が残っているのだ。また、光秀勢は兵力が十分ではなく、初めから戦線を縮小し、天王山を諦めていたと言われている。

地理をみると、たしかに天王山を取ることができるかどうかが戦局を左右するのだろうと推察できるが、実際の戦いにおいて重要な局面にはならなかったのだから、「天王山の戦い」というには名前負けしていると言わざるを得ない。

どうしてこのような話がまことしやかに語り継がれたかというと、発端は江戸時代の作家・小瀬甫庵《おぜほあん》の書いた『太閤記《たいこうき》』にある。この中に天王山をどちらが取るかの争いだったとか、黒田官兵衛は天王山を取った方につこうと考えていただとか根も葉もないことが書かれているのだ。

この小瀬甫庵だが、本書をページ順に読まれている人は既に目にした名前だろう。桶狭間の戦いについて、史実と全く異なる小説を残した作家である。山崎、桶狭間だけでなく、長篠の戦いについての誇張も彼の書いた小説に端を発するとされている。その是非はどうであれ、かなりの影響力を持った作家だったのだろうか……。

現在の天王山の眼下には「山崎の戦い」の合戦跡地が広がる
（© Mariemon explorer）

052

合戦で刀が頻繁に使われていたというのはウソ

戦国時代を中心に、中世〜近世の合戦というと兵が日本刀で斬りあう図が思い浮かぶだろう。だが実際に合戦場で刀を用いて戦うことが頻繁にあったわけではないのだ。

実際の合戦で主な武器として使われていたのは、鉄砲あるいは弓矢である。特に弓矢は古代からずっと用いられ続けた有力な武器だ。また、近距離での戦闘においても主力となったのは槍である。それも、現在イメージするような突きの戦術ではなく、敵の槍を打つか敵自体を叩く戦法がメインだった。

ではは刀はどうだったかというと、その使用頻度は相当低かった。そもそも刀では甲冑を斬ることができない。防具をつけた敵への有用度を考えると、弓矢や槍を用いるのは当然といえるだろう。刀という武器は、相手に刃を届かせるにはかなり近づかなければならない。矢も槍も失い、窮地に追いやられたときに最後に頼みとするのは刀かもしれないが、そうでないときに進んで敵に近づくリスクをとる兵は少なかっただろう。実際にそのような場面があったと記す史料も残っている。

（上）『関ヶ原合戦図屏風』
（下）その拡大図
（関ケ原町歴史民俗資料館所蔵）
下の絵では槍を持つ者（左）、刀を持つ者（中央）、馬に乗る者（右上）、首を落とされた者（右下）が見られる。全体を見ると、槍を持った歩兵が最も多い

刀を用いて戦うのに適しているとされるのは、狭く足場の安定した場所、馬に乗って軽装の歩兵と対峙する場合などと限られていた。それでも兵の多くが腰に刀を差していたのは、敵の首を取るのに必要だったとも、そういう慣習だったとも言われている。

また、刀は武器としてだけでなく芸術品として大切に保存されることが多かったため、現存する武器のなかで甲冑や鉄砲と比べて点数がはるかに多いそうだ。

053 島原の乱が宗教戦争だったというのはウソ

島原の乱というと、「幕府のキリスト教禁教政策に反対する宗教戦争」というイメージを抱いている方がいるかもしれない。確かに、反乱が起きた地域はキリスト教徒が多かったし、リーダーの天草四郎も熱心なキリスト教徒だった。

しかし、この反乱は信仰の自由を求めた人々の他に、過酷な年貢に反対するため加わった人も多かったことから、宗教戦争だとは認められていない。つまり、島原の乱は悪政への反乱だったのである。

反乱の舞台となった島原半島・天草諸島はかつてキリシタン大名の有馬晴信《ありまはるのぶ》と小西行長《こにしゆきなが》の領地だった。領主にならってキリスト教に改宗する者も多かったが、新領主の松倉氏と寺沢氏は絵に描いたような悪徳領主で、キリスト教徒の弾圧だけでなく、領民に対して厳しく年貢を取り立てた。特に松倉勝家《まつくらかついえ》は、凶作だろうが構わず重税を課し、領村から人質をとって拷問をするという残忍ぶりで、これには領民も耐え切れなかった。

そして1637年、天草四郎をリーダーに農民、漁民、商人、さらに有馬氏の旧家臣などが加わる大反乱が勃発した。一揆軍は領主方の城を攻撃し、その後有馬氏の城だった原城跡に3万人以上が立てこもって交戦した。この騒ぎに対処するべく、幕府や九州中の大名をも巻き込む大騒動になってしまった。

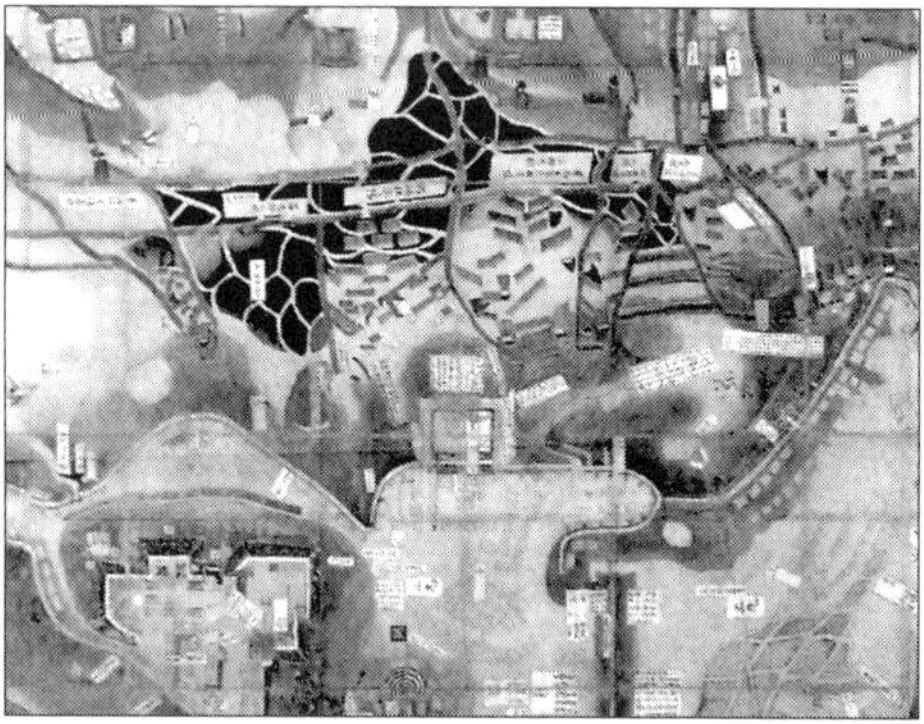

一揆勢が立てこもる原城跡の包囲図。幕府軍の損失も大きく一説には8000人が命を落としたと言われている

それからおよそ4ヵ月後、約12万人の兵力を動員した幕府・九州勢が一揆を鎮圧。

領主の松倉勝家は領地経営の失敗の責任をとらされ斬首、寺沢堅高《てらさわかたたか》は天草領を没収され、のちに江戸で自害した。250年以上続いた江戸幕府の治世で、斬首となった大名は松倉勝家のみである。

この戦いにキリスト教の信仰を守るため戦った者がいたのは事実だが、領主の経営に不満を抱いて反乱に加わった者が多数を占めていた。そのため近年では百姓一揆だったことを強調するため「島原・天草一揆」と表記する教科書も増えている。

054 百姓一揆は「打倒領主」を目的としていたというのはウソ

庶民たちが権力者に対する抵抗手段として中世から行われていた「一揆」。英訳するとriot（「暴動、反乱」の意）などになるため誤解されるが、一揆とはあくまで「一致団結し徒党を組むこと」という意味である。そしてその目的も「悪徳領主を打ち倒すこと」に限られると思われがちだが、近年、実はそうではないことがわかってきた。

百姓一揆の目的は領主を倒すことではなく、あくまで「よりよい政治を行ってもらう」ことにある。百姓にとって領主は災害や飢饉などの危機から領民を守るべき存在であり、いなくてはならない存在なのだ。領主は年貢を納めてもらい、百姓は生活を保障してもらう持ちつ持たれつの関係だったと考えられている。領主がその責を全うしていないと思われたとき、百姓は行動を起こすのだ。

前ページの島原の乱は目的を「打倒領主」とする一揆であったが、こういった一揆はどちらかというと珍しい、激しい部類の一揆である。一揆では「無関係の家屋など

「三重県下頒民暴動之事件」（部分／月岡芳年・画）明治初期の地租改正反対一揆（伊勢暴動）を描いたもの。竹槍で壁を破壊している

を壊してはいけない」「盗みをはたらいてはいけない」など、やっていいことと悪いことをその一揆に参加する集団の中で事前にある程度取り決めて統率をとっていたのだ。

ちなみに百姓が一揆の際に手にした鍬《くわ》や鋤《すき》は武器として用いただけでなく、自分たちが百姓であるというシンボルとしての意味も持っていた。

一揆と似たもので「打ちこわし」というのがあるが、これは不正をはたらいた者の家屋などの破壊を目的として行う運動である。よって、必ずしも「一揆＝打ちこわし」とはならないのだ。

055 保元・平治の乱が源氏と平氏の対立というのはウソ

大河ドラマの主人公にもなった平清盛は、宮中の権力者を抑えて初の武家政権を樹立した人物だ。その清盛が権力を握る上で、保元《ほうげん》・平治《へいじ》の乱での活躍は欠かせなかった。源平の武士団が参加したこの2つの戦いに勝利したことで源頼朝の父義朝などのライバルを蹴落とし、朝廷での発言力を増すことに成功したからだ。

保元の乱を描いた絵巻（『平家物語絵巻』国会図書館所蔵）

だが、これは源平の対立という単純な構図ではなく、天皇家、公家などが入り乱れたややこしい戦いだった。簡単に言うと、保元の乱は天皇家と公家の後継者争いに武家も参加した争い、平治の乱は保元の乱で勝利した側の権力闘争だった。この争いで平氏を重用した有力者信《しん》西《ぜい》と源氏を重用した藤原信頼《ふじわらののぶより》の双方が命を落としたため、勝利した平氏が権力を独占することができたのだ。

056 元軍が負けた原因が神風というのはウソ

鎌倉時代の中期から後期にかけて幕府を揺るがした大事件、それが元寇である。元軍が日本に侵攻し、御家人《ごけにん》たちは見慣れぬ異国の武器や戦い方に苦戦し損害を被った。

船上の元軍。元に征服された高麗や南宋から動員された兵の士気は低く、侵攻失敗の要因の１つとなった（『蒙古襲来絵詞』部分）

しかし、一度ならず二度も戦いの最中に暴風雨が吹きあれたおかげで、元軍は大打撃を受けて撤退した。

天が味方したかのような奇跡的な暴風雨は神風《かみかぜ》だとして神道でもてはやされた。ところが、日本側、元側双方の史料に戦闘中に暴風雨に遭ったという記録は残っていない。元側の史料には撤退時に暴風雨に遭ったとあり、実際には勝敗に影響を与えていないのだ。しかし、当時は元軍を倒すための祈祷が行われていたため、その効果が現れたのだと認識されることも少なくなかった。

057 蒙古襲来絵詞の元軍と騎馬武者との戦闘シーンはウソ

元寇と聞くと、弓を構えるモンゴル兵たちと苦戦気味の騎馬武者が描かれた絵を思い浮かべる人もいるだろう。その絵は『蒙古襲来絵詞《もうこしゅうらいえことば》』という絵巻物で、肥後《ひご》（熊本）の御家人竹崎季長《たけざきすえなが》が自らの功績を後世にアピールするために描かせたと考えられている。元軍の集団戦法や、「てつはう」と記された手榴弾のような武器など、慣れない異国の戦い方に御家人たちが苦しめられたことがよくわかる。

教科書にも載っている有名な絵だが、この戦闘シーンは後世に描き込まれた可能性があるというのだ。というのも、この絵巻物は伝存状態が悪く所々に断簡があった。そのため、元の姿に戻そうと江戸時代に大規模な修復作業が行われることになったが、修復作業の結果、絵巻物の形にはなったが、竹崎と蒙古兵の戦闘部分の紙が上下にずれていたこともわかった。それなら当然絵もずれるはずだが、実際にはずれは生じていない。つまり、ずれた紙の上から新しい絵が描かれた可能性が高いのだ。絵のタッチが明らかに異なる元兵を見ればそれも納得できる。左ページの絵を見れば一目瞭然だ。

そのため近年では元兵3人と「てつはう」の箇所は、はじめは描かれていなかったと考える研究者が増えている。

竹崎季長と元兵の戦闘シーン（上の絵の左側にいる３人の元兵と、下の絵の右側にいる３人の元兵は同一）。
上下の戦闘シーンを見比べると、下図の元軍は左右で絵のタッチが異なっている。また、竹崎側から放たれた弓矢に重なるように３人の元兵が描かれているのも不自然だ。
描き足しがあったことは研究者の間でも大方認められているが、竹崎自身が描き足しを命じたと考える研究者もいる
（『蒙古襲来絵詞』部分）

058 百年戦争が百年も戦争状態にあったというのはウソ

歴史的に見てヨーロッパは戦争の絶えない地域だが、中世は長期にわたる戦争が特に多い。その代表がフランスとイギリスの王位継承問題がきっかけで起きた百年戦争だろう。これは、イギリス国王に即位したエドワード3世が、母親がフランス王家出身であることを理由にフランスの王位まで主張したことから始まった戦争で、その名は「100年間続いた戦争」をイメージさせる。だが、実際に100年間戦争状態にあったわけではなく、休戦が何度も宣言されていた。

百年戦争の期間は1337年、もしくは1339年から1453年までを指す。確かにずいぶん長い戦争だが、この時代の戦争は近代とは異なり、大規模会戦の一発勝負か、長期間ダラダラと戦いを続けるかが主流だった。王家や貴族には戦争を効率的に遂行するほどの集権的な力がなかったし、兵士も貴族と傭兵の寄せ集めで、軍全体が戦略的な行動をとって戦うことなど稀だった。また、国内情勢の悪化で「他国と争っている暇などない」と休戦することもしばしばあった。つまり、片手間でやっているような戦闘が続いた結果、百年も経っていたというのが実態のようだ。

フランス軍の勝利によって戦争は終わったが、教会や諸国の貴族、皇帝、富裕層などさまざまな立場の利権が絡み合い、王位継承問題などは忘れ去られていた。

フランス軍がイングランド軍に大敗したクレシーの戦い。1346年から翌年まで続き、1347年から1355年までの停戦協定が結ばれた

こうしてダラダラと続いた百年戦争終結後、フランス王のシャルル7世は戦争で疲弊した貴族を尻目に商人と手を結び、常備軍を設置した。こうして徐々に中央集権化が進んだ結果、近世には百年も続くような戦争は二度と起こらなくなった。

059 フランス革命のはじまりバスティーユ襲撃で大勢の政治犯が解放されたというのはウソ

1789年、圧制の象徴と言われたバスティーユ牢獄が襲撃されると、それに続いて全国で農民が蜂起し、特権階級である貴族への攻撃が始まった。市民層の政治参加の道を切り開いたフランス革命の始まりである。

「バスティーユ襲撃」

きっと大勢の政治犯が収容されていたのだろうと思ってしまうが、この牢獄に収容されていたのはたったの7人で、政治犯は1人もいなかった。中には精神疾患でほとんど口も利けない者も含まれており、市民が思っていたような人物は見当たらなかった。

民衆は肩透かしを食らったが、襲撃事件は国王のルイ16世を驚愕させた。彼は政策の変更でなんとか融和を図ろうとしたが、遅すぎる方向転換が民衆の支持を集めるわけもなく、結局は革命派に処刑されることとなった。

060

名誉革命で血が流れなかったというのはウソ

王位継承を巡る戦争が多かったヨーロッパにおいて、イギリスの名誉革命のようなケースは珍しい。これは、議会政治が芽生え始めていた17世紀後半のイギリスで、絶対王政を目指すジェームズ２世を倒そうと、議会とオランダ総督のウィレム３世が起こしたクーデターだ。ジェームズ２世は反抗を諦めフランスへ亡命したため、武力を伴わない無血革命を実現したとして高く評価された。

ウィレム３世（左）

イギリスの議会政治の始まりを象徴する出来事として語られることが多いが、実際にはオランダとイギリスの艦隊の間で戦闘が起こり、負傷者も出ていた。「無血だった」のではなく「当時からすると無血に等しい」という意味で無血革命と呼ばれているのである。だが、革命後、ジェームズ２世の支持勢力とイングランドが敵対したことで、結局は武力衝突することになってしまった。

061 十字軍よりイスラム軍の方が残忍だったというのはウソ

西洋史に詳しくない方でも、「十字軍」という言葉は聞いたことがあるのではないだろうか。11世紀後半、聖地エルサレムをイスラム教徒から奪還するという名目で結成された軍隊で、150年以上にわたって計7回もの遠征が行われていた。ユダヤ・キリスト・イスラム教に共通する聖地エルサレムを「異端者」であるイスラム教徒が治めていたことに、カトリックのキリスト教世界は我慢がならなかった。

そのため教皇の支援のもと、何度も遠征が繰り返されたのである。7回の遠征というのは毎回奪還に失敗して帰ってきているからに他ならないが、彼らのやってきたことは正真正銘の略奪で、敵視するイスラム教徒よりも残忍極まりない集団だった。

1回目の十字軍は「聖地奪還」を目標とした宗教色の強い遠征で、一時的にではあるがエルサレムの占領に成功した。では目的を達成した十字軍は何をしたのかというと、エルサレムのイスラム教徒を次々と殺し、金品を奪い去ったのである。この略奪行為の記録はイスラム教徒側だけでなく、十字軍側にも多く残っている。その後の十字軍遠征の記録でも、女子《おんな》どもの凌辱にはじまり、子どもの肉を串焼きにして食べたとか、大人の肉は鍋にして食べたとか、とにかく惨《むご》い。

数年後、イスラム教徒に再び聖地を奪われると再度十字軍が結成されたが、次第にイスラム文明の先進的な文物や思想が標的になり、4回目などは聖地へ向かわずイスラム教国のエジプト攻略に力を注いでいた。

「十字軍のコンスタンティノープル入城」（ウジェーヌ・ドラクロワ／ルーヴル美術館所蔵）

また、資金を提供したイタリア商人は商売敵を潰そうと十字軍を誘導し、東ヨーロッパや中東のキリスト教宗派・正教会に進軍させるなど、目的を完全に見失ったときもあった。教皇に何度も命じられて嫌々結成された十字軍もあったぐらいだから、聖地奪還を達成するなど無理な話だったのだ。

空回りの大遠征ではあったが、これをきっかけにイスラムの文物が西洋に流入し、ルネサンスの下地ができたことも事実である。

062 赤壁の戦いで蜀・呉連合軍の諸葛孔明が風を読んで魏軍に勝利したというのはウソ

人気が高い『三国志』の中でも、赤壁《せきへき》の戦いは特に有名だ。勢力を拡大していた魏《ぎ》の曹操《そうそう》軍と蜀《しょく》・呉《ご》連合軍による衝突で、「蜀の名参謀・諸葛孔明《しょかつこうめい》が風向きを読んで火攻めを敢行し優位にあった曹操軍を撃退した」という逸話がよく知られている。実は、これは話を盛り上げるための創作で、諸葛孔明が風を読んだなどという記録は残っていない。

現在の赤壁（© Soerfm）

　なぜこんな誤解が生じたかというと、16世紀に中国で出版された小説『三国志演義《えんぎ》』が影響している。ベースは歴史書の『三国志』だが、個性豊かな人物や劇的な展開など大衆向けにアレンジが加えられたことで、中国のみならず日本でも大ヒットした作品だ。この作品が史実をもとに描かれていることもあって、赤壁の逸話なども歴史的事実だと誤解されてしまったのだろう。

063 諸葛孔明が10日で10万本の矢を用意した逸話はウソ

前ページで紹介した赤壁の戦いで、蜀・呉連合軍の勝利に大きく貢献した諸葛孔明。何をやっても超一流で、粒ぞろいの『三国志』登場人物の中でも傑出した人物だ。

そんな類稀なる才能に、打倒曹操で手を結んだ呉の参謀周瑜《しゅうゆ》はいつか自分たちがやられるのではないかと危機感を抱き、10日で10万本の矢を用意できなければ殺すと無理難題を押し付け孔明の命を奪おうとした。それに対して孔明は、霧深い夜に曹操軍に船を差し向け挑発し、彼らが放った大量の弓矢を回収して周瑜との約束を守ったという。

諸葛孔明

もうお気づきかもしれないが、これも『三国志演義』が作り出したフィクションである。赤壁の戦いでは蜀と呉の同盟締結を成功させた孔明だが、それ以外はあまり活躍していなかったのか、『三国志』には特に記録が残っていない。

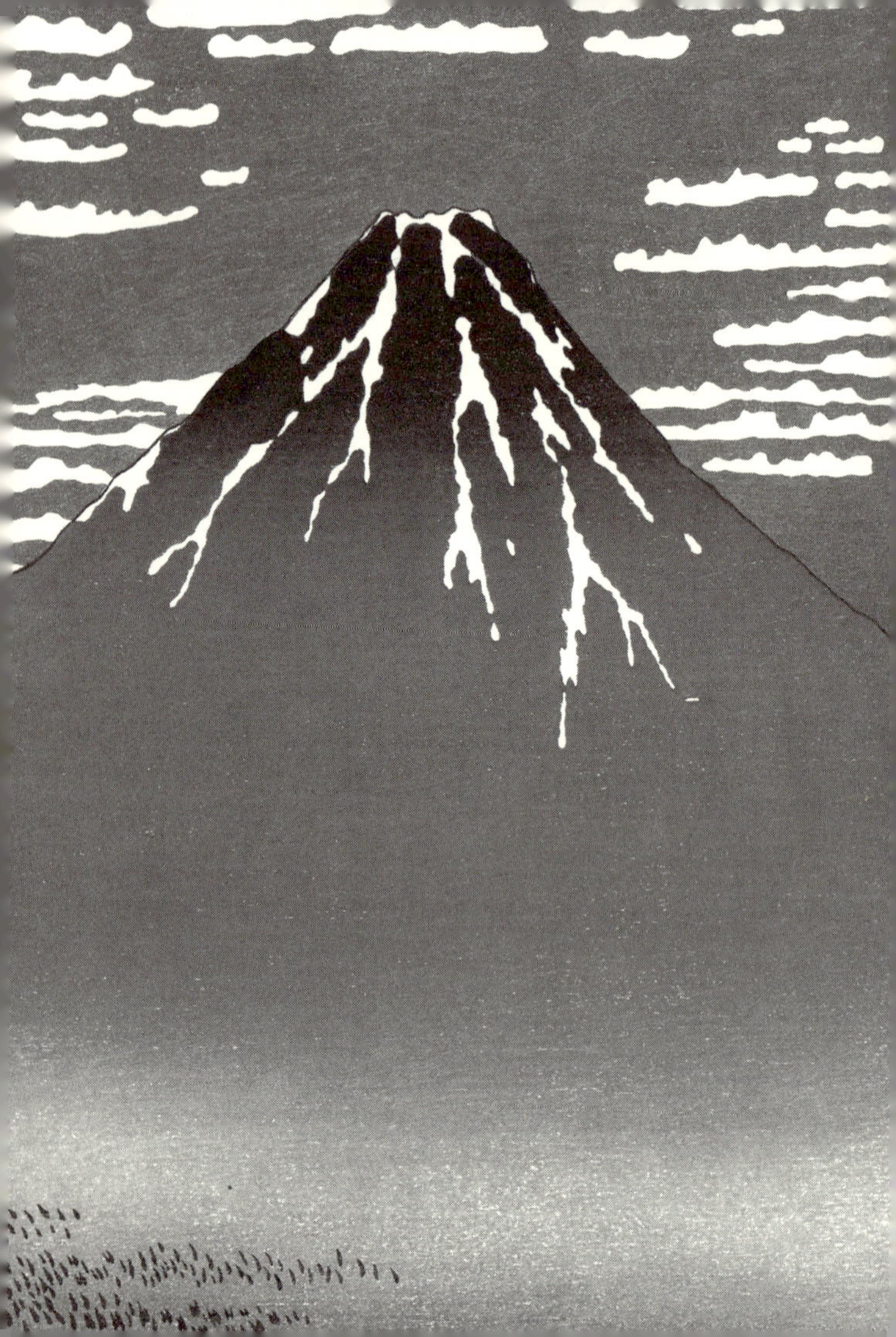

第4章
歴史教科書のウソ

064 江戸時代に日本は「鎖国」をしていたというのはウソ

江戸時代、日本は鎖国状態にはなかった。こう聞くと違和感を覚える人がいるかもしれない。当時の日本が外交窓口を長崎に限定して明（のちに清）やオランダ以外の国と交流を断っていたことは有名だし、日本人の海外渡航も禁止されていたではないかと言う人もいるだろう。教科書にも必ず載っている言葉だから無理はない。

しかし、この「鎖国」という言葉は江戸時代にはほとんど使われていなかった。鎖国という言葉は、オランダ商館の通訳だった志筑忠雄《しづきただお》が、過去に同館で働いていた医師ケンペルの書物を翻訳するときに使った造語なのである。1801年、志筑はケンペルの著した『日本誌』の一部を翻訳し、「鎖国論」と名づけた。これが鎖国という語の元になったのだが、この書物は一部の幕閣や知識人の間で認知されていた程度で、鎖国という言葉が本格的に普及したのは明治時代になってからである。

また、幕府下の長崎奉行が管理する出島の他に、松前《まつまえ》や対馬《つしま》、薩摩の各藩が幕府から許可を得て外国との交渉窓口として機能していた。つまり、外国との交易自体が禁じられていたわけではないのだ。松前はアイヌ、対馬は朝鮮、薩摩は琉球との交易を独占し、文化交流や服従関係など特権的な地位を得ていた。鎖国の目的はこのような交易の統制・管理と、キリスト教拡大の阻止にあった。キリスト教布教に熱心なスペインとポルトガル船の来航は禁止されたが、幕府の統制下で限定的に海外交流は行われていたのである。「国を鎖《とざ》す」という用語は意味としてふさわしくないのだ。

長崎に造られた出島（中央下）と唐人屋敷（左下）。オランダからはインドやペルシアの織物、鰐皮、毛織物、香辛料、時計、眼鏡などを、清からは生糸を輸入し、日本は金や銀を輸出した

　では、鎖国の代わりにどう言うべきかというと、研究者の間では明や朝鮮でも行われていた「海禁《かいきん》」という用語を用いるべきだという意見が主流になりつつある。海禁とは、自国民の海外渡航を禁じる政策のこと。「鎖国」と呼ばれていた日本の実態を的確に表す言葉といえないだろうか。むしろ、江戸時代の人々はこの海禁という用語を使っていたことがわかっているため、こちらの方がふさわしいと言えるのだ。

065 幕府が農民統制のため慶安の御触書を出したというのはウソ

「服は麻」「食事は米ではなく稗《ひえ》や粟《あわ》」「領主の命令は絶対」など、農民の日常生活を細かく規定した慶安《けいあん》の御触書《おふれがき》。幕府が１６４９（慶安2）年に出したとされることからこのように呼ばれるが、実はこの慶安の御触書も近年は存在が疑われている。この御触書、慶安2年に発行された現物が見つかっていないだけでなく、最初に発行したのも幕府ではないと最近の研究で明らかになったからだ。

御触書を発行したのは幕府ではなく甲府藩（山梨）で、１６９７（元禄10）年に「百姓身持之覚書」の改訂版として藩内の百姓に通達された。大規模経営を行っていた上層農民向けの通達を一般の百姓も対象に改訂したものだったが、それがいつの間にか「慶安の御触書」として全国に出回っていたのである。事の顛末《てんまつ》は次のようなものだ。

１８３０年、岩村藩（岐阜県恵那《えな》市岩村町）の藩主邸から「慶安の御触書」が発見された。この御触書を発見したのは岩村藩出身の幕府学問所総裁・林述斎《はやしじゅっさい》で、その内容に感心した述斎の指示で藩内の農民に御触書が配られることになった。そして同年、それが『慶安御触書』として出版されると、各地の大名・旗本に広まり、農民統制の通達として中小規模の大名・代官に採用されるようになったというわけだ。

この岩村藩で発見された御触書が甲府藩の「百姓身持之覚書」で、慶安の御触書という名称は林述斎によって付けられたと考えられている。なぜそれが岩村藩邸にあったかというと、藩主の松平家は以前、甲府藩に近い信濃国小諸《こもろ》藩を治めていた関係で、百姓身持之覚書も手に入れやすかったからだと言われている。林述斎が御触書の名称を変更した理由など疑問点は残るものの、こうした研究を反映して慶安の御触書に関する記述を変更したり削除したりする教科書は増えているのだ。

慶安の御触書を「発見」した林述斎

領主への服従や法の遵守など、支配者にとって理想的な農民像が描かれていたこともあって、天保《てんぽう》の飢饉《ききん》のときなど困惑する民衆を統制する手段としてこの御触書は用いられた。述斎の計らいで当の幕府まで慶安2年に幕府が出した御触書として採用したぐらいだから、幕府法として認識され続けたのも肯《うなず》ける。

066 江戸時代に「士農工商」という身分制度があったというのはウソ

支配階級の武士は年貢を納める農民を職人（工）や商人（商）より上の身分にして不満を抱かせないようにした、と以前は学校で教えられていた。いわゆる士農工商である。だが、近年ではそもそも士農工商という身分制度は存在していなかったと考えられていることをご存知だろうか。

「士農工商」は中国語に由来し、「民全体」を意味する。つまり、今でいうところの国民を指しているわけで、身分というよりは職分と言った方が意味としては正確だ。

実際の身分制度は、武士の下に農民と町人が併存しているというものである。工商は区別されずに町人と認識されていたし、農民が町人より偉かったわけでもなかった。

また、農民と町人の上に立つ武士にしても、江戸時代後期には金でその身分が買えたため、厳密な身分制度があったとは言いがたい。借金に困って商家の娘を貰い、返済を肩代わりしてもらう武士もいたし、藩政改革に抜擢されて農民から武士にとりたてられた者もいたぐらいだから、身分の壁は以前学校で教えられていたほど高くはなかったといえる。百姓や町人が大名になることはなかったが、一定の段階までなら身分が変わる可能性は十分あったことは間違いない。

江戸時代の武士や庶民たち
（山東京伝『日本風俗図絵　第11輯』国会図書館蔵）

067 肖像画のウソ① 聖徳太子

左ページの画像の人物を見て誰を思い浮かべるだろうか？　多くの方は聖徳太子と答えるだろう。お札に7回も採用されているし、誰でも一度は見たことがあるはずだ。この肖像画の原本の名称は「御物《ぎょぶつ》　聖徳太子像」。聖徳太子が創建したと言われる法隆寺から明治の初めに皇室に献上された、日本を代表する肖像画だ。

しかしこの人物、本当に聖徳太子の姿を描いているのか、疑わしいという説があるのだ。教科書の記述もよく見ると「聖徳太子と伝えられる肖像」などに変更されている。

この肖像画が聖徳太子を描いたものだと認識されるようになったのは鎌倉時代の初期で、法隆寺の僧侶が記した『聖徳太子伝私記』が基になっている。この記録には、「肖像画の人物は唐人によって書かれた聖徳太子だ」「百済の王族によって描かれた聖徳太子だ」という記事が収められており、絵師の違いはあれど聖徳太子を描いたものとして紹介している。これらの記述が根拠となって、肖像画は聖徳太子を描いたものだと考えられるようになったのである。

実はこの肖像画、一時は「これは聖徳太子ではなく別人である」といった説も浮上し、一定の支持を集めた。ところがこの説も最近は誤解だったとみなされることが多くなっている。

では何が疑わしいのか。それは、この肖像画が描かれたとされる年代に関係する。最新の研究では8世紀半ばに描かれたものではないかと考えられているが、聖徳太子がこの世を去ったのは622年。写真などない時代に、亡くなって100年以上経っている人物の肖像画がどれだけ正確性を維持できるか、難しいと言わざるを得ないだろう。こうした経緯があり、教科書の記述が変更されたり、肖像画を載せなくなったりしたのである。

聖徳太子像（『唐本御影』写本）

ちなみに、聖徳太子という名前は死後につけられたもので、本名は厩戸王《うまやど》（皇子）という。そのため、「聖徳太子」という呼び名も採用されなくなってきているのだ。「厩戸王（聖徳太子）」という表記になっていることも多い。はたして数十年後はどのように呼ばれているのだろうか。

068 肖像画のウソ② 源頼朝

近年、歴史上の人物の肖像画を修復する機会に改めて調査・研究してみると新発見があった、という場合が少なくない。

その最たる例が、源《みなもとの》頼朝《よりとも》の肖像画だろう。教科書で誰もが知る源頼朝像が、現在では「伝源頼朝像」、つまり「源頼朝として伝えられた肖像画」と紹介されるようになり、別人説まで提唱されているというのだ。

束帯姿《そくたいすがた》に端整な顔立ちが印象的なこの肖像画は、京都の神護寺《じんごじ》に伝わる国宝で、その寺伝から源頼朝を描いた肖像画だとわかった。14世紀に書かれたと伝えられる『神護寺略記』にも、1188年、神護寺に造られた仙洞院に源頼朝をはじめとした5人の肖像画があったと記されている。作者は同時代を生きた絵の名手・藤原隆信《ふじわらのたかのぶ》で、『神護寺略記』と近い時期に成立した寺内の他史料にも同じ記事が載せられている。

これらの史料から、肖像画のモデルは源頼朝で、成立は12～13世紀にかけてであると認識されてきた。だが、実は肖像画自体には作者やモデルに関する情報が記されておらず、『神護寺略記』にもモデルを特定できる情報は明確に記されていない。つまり、いつ誰が誰を描いた肖像画なのか、正確なことはわかっていなかったのである。むしろ、装飾品の特徴などから「本当に頼朝か？」という声は古くからあがっていたようだ。

そんな中提唱されたのが、この肖像画の人物は頼朝の100年ほど後に活躍した足利尊氏の弟直義《ただよし》ではないかとする説だ。

直義と同時代の14世紀前半に描かれた僧侶の肖像画に似ていること、足利直義が自身と兄尊氏の肖像画を神護寺に納めたという内容の願文を送ったことなどがその根拠だ。また、この肖像画が右を向いているのも、複数の肖像画を作成する場合に下位者は向かって左側に配置されるという決まりがあることから、この人物は直義にあたると考えたわけである。

「伝源頼朝像」（神護寺所蔵）

モデルや制作年代について論争はまだ決着がついていないが、こうした研究結果が反映された結果、名称に「伝」の字が付されるようになったのである。

069 肖像画のウソ③ 足利尊氏

前ページで、源頼朝像の像主が足利直義《ただよし》だと考える新説を紹介したが、直義の兄尊《たか》氏《うじ》の肖像画にも大きな変化が訪れている。足利尊氏といえば、馬に乗る髭面《ひげづら》の肖像画が思い浮かぶが、その肖像画は中学校の教科書から姿を消し、現在の名称はなんと「騎馬武者像」なのである。

実は、この肖像画の像主が足利尊氏ではないという指摘は戦前からあった。他の尊氏像と見た目が違う、尊氏の愛馬は黒毛ではなく栗毛、尊氏の肖像画なのに息子義《よし》詮《あきら》の花押《かおう》が押されているのはおかしいなど、言われてみれば納得できる指摘ばかりだ。

この肖像画の人物が足利尊氏だと言われるようになったのは江戸時代後期になってからで、それまではどのように伝わってきたのかもよくわかっていない。松平定信《まつだいらさだのぶ》が編纂した『集古十種《しゅうこじっしゅ》』という美術品の図録の記述から足利尊氏だと認識されるようになったが、人物を特定できる明確な文字情報は記されていなかったのである。

戦後、人物比定の研究が本格化すると、馬具に描かれた家紋から、尊氏の執事（のちの管領）を務めた高階《たかしな》氏一族の誰かではないかと考えられるようになった。はじめは尊氏・義詮親子に仕えた高師直《こうのもろなお》だと考えられたが、近年はその息子師詮《もろあきら》である可能性も指摘されている。しかし、いまだ議論に決着はついていない。

ところで、像主として指摘された高親子は、執事という地位のイメージからは程遠い前途多難な実務仕事ばかりこなしていた。師直は他の幕府官僚との対立に苦心しながら義詮の擁立に努めた。しかし、尊氏・直義兄弟が争った観応《かんのう》の擾乱《じょうらん》では尊氏に従って参加した合戦で敗れて殺されてしまう。息子の師詮も、身を隠していたところを師直の部下に発見されたことで大将として直義方と戦うことになり、結局、敗れて馬上で切腹を果たしたという。

人物の比定にはいたっていないが、こうした非業の死を遂げた高家の武者を供養するため、この肖像画が描かれたのだと考えられている。

以前は「足利尊氏像」だったが現在では「騎馬武者像」と称される肖像画

070 肖像画のウソ④　ザビエル

フランシスコ・ザビエルといえば、頭頂部が禿げた外国人宣教師というイメージを誰もが抱いているのではないだろうか？　「あの人は禿げていたわけではなくて、トンスラといって頭頂部を剃るキリスト教のヘアスタイルだったんだよ」と詳しい方なら訂正するかもしれない。だが、そもそもザビエルの髪型はトンスラではなかった可能性があるのだ。

この肖像画は、ザビエルの死後70年ほど経った1619年以降に日本人の手によって描かれたと考えられている。16世紀の日本には、宣教師によって建てられた教育機関があり、そこでは簡易版ではあるが宗教画の制作方法も教えていた。学習の一環として西洋の宗教画をお手本にしてコピーを作らせていたわけだ。ザビエル像はこの学校に持ち込まれた銅版画を基に、絵の技法を学んだ日本人が描いたのではないか、と考えられている。

お手本にしたと言われる銅版画では、確かに頭頂部が剃られておりトンスラのように見える。だが、ザビエルが所属していたイエズス会ではトンスラの習慣はなかったことから、彼が髪を剃っていたとは考えにくいのだ。

そもそもトンスラは頭頂部のみでなく、襟足やもみあげなども剃って鉢巻状に髪を残す髪型だ。ならば考えられるのは、「髪は生えていた」か「トンスラではなく禿げていた」かのどちらかだが、西洋画のザビエルは頭頂部に髪がフサフサと生えているように見える一方で、イエズス会の依頼を受けてルーベンスが作成した聖画では頭頂部に髪が描かれていないように見える。残念ながら真相は謎に包まれたままなのだ。

（上）頭頂部に髪があるように見えるザビエル（「フランシスコ・ザビエル」部分）
（下）頭頂部に髪がないように見えるザビエル（ルーベンス『聖フランシスコ・ザビエルの奇蹟』部分　ウィーン美術史美術館所蔵）

071 肖像画のウソ⑤ 武田信玄

風林火山の軍旗を掲げ、孫子の兵法を駆使した戦法で敵を翻弄した武田信玄（晴信《はるのぶ》）。その信玄を描いた肖像画の中でもっとも有名なのが、長谷川等伯《はせがわとうはく》が描いた肖像画だろう。丸刈りに近い髪型に髭を蓄えた恰幅《かっぷく》のいい姿が印象的だ。しかし、この武田信玄像にも別人説が提唱され、教科書からも姿を消したという。

この肖像画は高野山成慶院《じょうけいいん》に伝えられたもので、上部分になんらかの文字情報が記されていたようだが、残念ながらその箇所は切断されて内容を確認することができない。モデルを特定すべく別の史料にあたると、息子の勝頼が成慶院に信玄像を寄進したという書状が残っていたこと、江戸時代の図録『集古十種《しゅうこじっしゅ》』に「武田源晴信」として紹介されていることがわかった。

しかし、勝頼の寄進状にはモデルの特徴や絵師名が記されていないし、『集古十種』にも根拠は記されていなかった。つまり、源頼朝や足利尊氏の肖像画のときと同様に、史料を精査すると疑わしい点があった、肖像画からも別人だと考えられる根拠が見つかった、という理由で別人説が提唱されたのである。

通常、武田氏が描かれる画像には家紋の菱紋《ひしもん》が描かれるが、この画像には菱紋がないばかりか、刀や太刀の目抜きには「丸に二引両紋《ふたつびきりょうもん》」が描かれている。この家紋を用いたのは足利将軍家や足利氏一門の細川氏、今川氏、斯波《しば》氏、畠山氏などで、武田家に使われたことはない。ということで、信玄ではなく足利一門の誰かと考えられるようになったわけだ。

右上の「武田源晴信像」の文字からわかるとおり、江戸時代にはこの肖像画のモデルは武田信玄だとみなされていた（『集古十種』）

　その足利一門の中でモデルとして有力視されているのが、能登守護を歴任した畠山氏だ。この絵を描いた長谷川等伯は能登出身で、等伯の父は畠山氏の家臣だったことが家系図からわかっている。そのため、等伯との接点が確認できない信玄よりも、父の主君である畠山氏の方がモデルである可能性が高いと考えられているのだ。

072 武田騎馬隊が戦場を駆け巡ったというのはウソ

指揮官の高い統制力の下、槍の密集突撃によって戦場を縦横無尽に駆け抜けた戦国最強の武田騎馬隊。騎馬隊と聞くと、騎馬武者のみで構成される部隊を想像するかもしれないが、戦国時代の軍隊はそんな効率的な仕組みで編成されていなかった。

この時代、軍団の武将たちは石高に応じて総大将に兵力を供給し、自らは指揮官として戦闘に参加した。「○石以上なら歩兵○人、騎兵○人用意せよ」との決まりがあり、その中で馬に乗れるのは身分の高い者だけだった。それでは当然騎馬隊を編成するほどの騎兵を集められるわけもなく、武田家の場合は全体の1割弱しか騎兵がいなかったようだ。また、武将が連れてきた従者ごとに部隊が編成されていたため、1割の騎兵を1つに集めて部隊を組むこともできなかった。

日本を訪れた宣教師ルイス・フロイスが記した書物によると「騎兵は馬から下りて戦った」のだという。時代劇のイメージを持っているとなんともがっかりする記録だが、戦場には馬を防ぐための柵が設けられていたし、携えた槍を馬上で扱うのは至難の業だったため、騎馬して戦っていては命が危なかったのだろう。日本にキリスト教を伝えたザビエルも、日本人は馬から下りて戦うという記録を残している。

さらに、当時の外国人たちは、日本馬の馬格が小さいこと、「騎馬隊」として集団訓練されていなかったことなどをあげている。現在の競走馬は体高が170センチほどなのに対し、当時の日本馬の大きさは約130センチ。現在の基準でいえばポニーに分類される。訓練も行き届いていない小柄な馬が馬具をまとい、鎧を着込んだ兵士を乗せるのだから、複雑な地形が多い日本で騎兵が縦横無尽に駆け巡ることなどできなかっただろう。

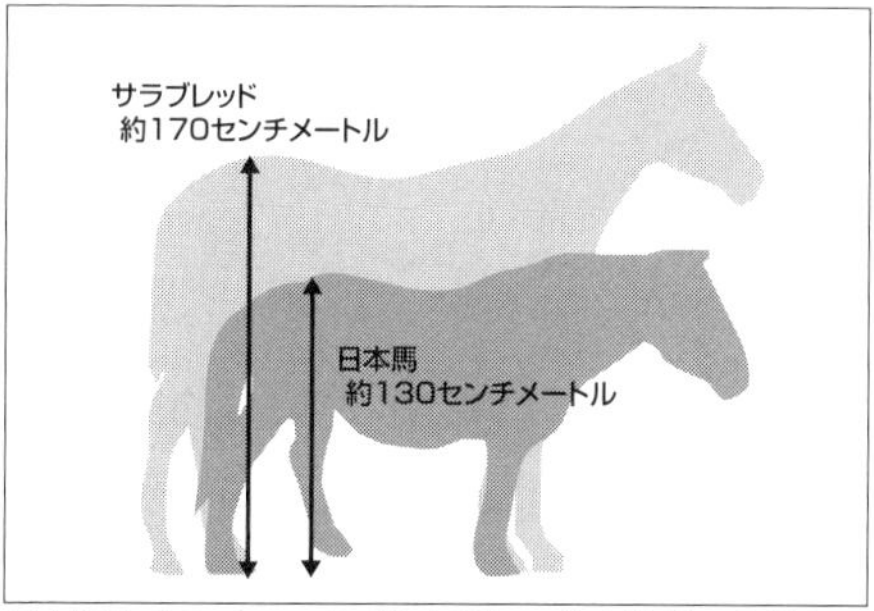

日本馬とサラブレッド（競走馬）の体高比較。宣教師の記録によると、日本馬は西洋馬と違って去勢されていなかったため暴れて手がつけられなくなることが少なくなかったようだ

こうした実情と照らし合わせると、武田騎馬隊という戦国最強の部隊が存在したと考えることは難しい。騎兵がいたことは間違いないが、彼らが真価を発揮したのは逃げる敵を追撃したり、逆に敵から逃げるときだったと考えられており、騎兵の集団戦法とはほど遠いのだ。

073 日本最大規模の古墳が「仁徳天皇陵」というのはウソ

近畿地方には大規模な古墳が多く残っている。これらは大王《おおきみ》や有力者の墳墓と言われており、その支配力を物語るものとして教科書にも必ず記されている。その中でも最大規模の古墳を教科書では「仁徳天皇陵《にんとくてんのうりょう》」と紹介してきたが、現在の教科書を見ると「大仙《だいせん》陵古墳」と変更されている。

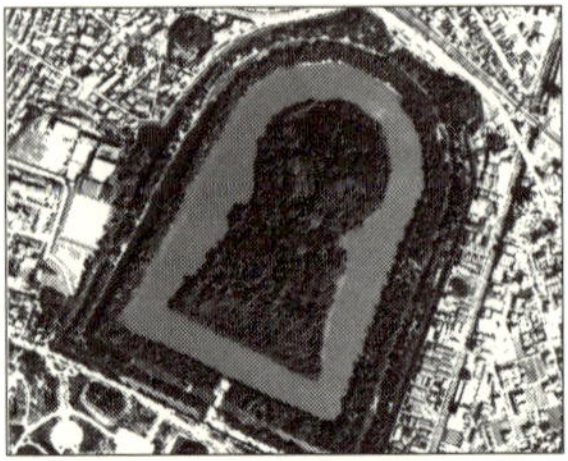

大仙陵古墳（仁徳天皇陵）。全長約486メートル。5世紀の大王の墓とされる（画像引用：国土交通省）

この古墳は『延喜式《えんぎしき》』などの史料から、仁徳天皇の墓だとみなされてきた。だが、古墳の形状や埴輪の形式などから考察すると、この墳墓が仁徳天皇の墓だとは考えられないという。そのため、学会では古墳の所在地を指す「大仙」の語が用いられるようになり、それが教科書にも反映されたのである。先日、ついに宮内庁は堺市と共同で古墳の発掘調査を開始した。12月上旬まで調査が行われるそうで、どんな発見があるか注目したい。

074 3世紀に大和朝廷が成立していたというのはウソ

大王《おおきみ》を中心とした政治体制を以前の教科書では大和朝廷と記していたが、それが現在ではヤマト政権（王権）と変更されるようになった。大して変わっていないように見えるが、この変化にはもちろんきちんとした理由がある。

3世紀後半、大王を中心とする勢力が現在の奈良県にあたる「大和《やまと》」の地に成立したことから「大和朝廷」と言われるようになったが、当時は「大和」以外にも「倭」や「大養徳」などの漢字で表記されることもあり、どの漢字を使うかはっきり決まっていなかった。そのため、「ヤマト」とカタカナ表記に変更された。

では、「朝廷」から「政権」へと変更されたのはなぜか？　それは「朝廷」という語の意味が実態にそぐわないからだ。現在は、ヤマト政権とは豪族のゆるやかな政治連合と考えられている。その政治連合に対して、天皇と貴族による中央集権政権を意味する「朝廷」という用語はふさわしくないとして、表記が変更されたのである。

このように、何気ない変更にも、そこにはきちんと研究成果が反映されているのだ。

075 大化の改新が645年というのはウソ

　学生の頃、語呂合わせで大化の改新は645年だと覚えた方が多いと思うが、近年では646年に始まったと教科書に記されるようになっているという。

　大化の改新とは天皇中心の中央集権国家づくりのために行われた政治改革のことで、中大兄皇子《なかのおおえのみこ》と中臣鎌足《なかとみのかまたり》によって蘇我蝦夷《そがのえみし》・入鹿《いるか》親子が滅ぼされた645年がスタートだと言われてきた。戸籍調査や新税制の導入、官制の整備などが進められた一連の改革を指しており、『日本書紀』にその内容が記されている。

中大兄皇子と中臣鎌足に首を刎ねられる蘇我入鹿（「多武峯縁起絵巻」部分／談山神社所蔵）

　だが、646年の「改新の詔《みことのり》」から改革はスタートしたという理由で年号は変更された。近年では、『日本書紀』内にある大化の改新の記述には、後世に成立した法令の用語が使われていることから、そもそも具体的な改革案がこの時点で出されていたかを疑問視する研究者もいる。

076
「1192つくろう鎌倉幕府」はウソ

語呂合わせの定番として多くの人が知る「1192《いいくに》つくろう鎌倉幕府」。征夷大将軍に任じられた源頼朝が東国に武士政権を開いた出来事を表す語呂合わせだが、この語呂合わせが根本的に間違っていることをご存知だろうか？

実は、頼朝が「幕府を開く」と宣言したことはない。幕府とは近衛大将《このえたいしょう》や征夷大将軍の中国風の呼び名で、要は頼朝やその政庁の別名である。幕府＝政権という認識は江戸時代中頃からで、それまでは「武家《く》」「公方《ぼう》」などと呼ばれていた。

そのため、この年が鎌倉幕府の始まり、と簡単に決めることはできないが、教科書では守護・地頭を設置する権利を朝廷から認められた1185年が鎌倉幕府の始まりだとする説を取り入れている場合が多い。

年代	理由
1180年	源頼朝、鎌倉入り 侍所設置によって軍事政権成立
1183年	朝廷から寿永二年十月宣旨を受け、 東国支配権を認められる
1184年	公文所・問注所を設置し 内部機関が整備される
1185年	朝廷から守護・地頭の設置を認められ 日本全国に警察権を得る
1190年	源頼朝、右近衛大将に就任
1190年	諸国の警察権を 恒常的に担当する権利を得る
1192年	源頼朝、征夷大将軍に就任

077 薬子の変で平城太上天皇が傀儡だったというのはウソ

9世紀前半、桓武《かんむ》天皇によって遷都された平安京で朝廷を二分する政治的混乱が生じた。桓武天皇の息子2人が対立して争った薬子《くすこ》の変である。平城京再遷都《せんと》をもくろむ平城太上天皇《へいぜいだじょう》と嵯峨《さが》天皇が争った結果、兵を迅速に出した嵯峨天皇側が勝利し、平城太上天皇の出家、首謀者の自殺・死刑によって幕を閉じた、というのが事件のあらましだ。ちなみに太上天皇とは譲位後の天皇のことをいう。

この事件が薬子の変と呼ばれているのは、太上天皇の寵愛を受けた藤原薬子とその兄である藤原仲成《なかなり》が、一族の発展のため太上天皇をそそのかして平城京再遷都を行わせようとしたからだと考えられてきた。

だが、近年ではもっと太上天皇の意思を認めてもいいのではないかと言われるようになったため、一部の高校教科書では「平城太上天皇の変」と記されるようになったのである。平城太上天皇が薬子やその一族の傀儡《かいらい》だったのではなく、自らが主体的に動いたと考える説が受け入れられたわけだ。

ただ、薬子と太上天皇の結びつきが強かったのは事実のようで、薬子は若き日の太上天皇に娘を嫁がせ入内《じゅだい》して以来、娘以上に溺愛され続けていた。これには桓武天皇も激怒して薬子は都を追放されてしまうが、桓武天皇の死後、即位した平城天皇によって呼び戻され、再び寵愛を受けたという。その薬子も、最期は服毒自殺によってその生涯を閉じた。

桓武天皇。平城太上天皇と嵯峨天皇の父にあたる

078 太陽王ルイ14世の「朕は国家なり」という発言はウソ

17世紀半ばから18世紀のはじめにかけて、フランスで絶大な権力を誇った太陽王ルイ14世は、「朕は国家なり」の言葉とともに知られていることが多い。司法や行政、外交などさまざまな権力を手中に収めた彼の国家観を端的に伝える言葉とされ、なんだか説得力のある発言のように感じてしまう。

もうお気づきの方も多いだろうが、実際にはそんなことは言っていないそうだ。この言葉はルイ14世が親政を行う前、17歳のときに残したとされている。王権と対立する司法機関パリ高等法院の貴族に向かって放ったということになっているが、それは18世紀の思想家による創作である可能性が高い。というのも、この頃のルイ14世はまだ政治の実権を握っていなかったため、そのような発言をしたとは考えにくいし、他に史料も見当たらないからだ。

ではこの記録を残したのは誰かというと、18世紀を代表する思想家ヴォルテールである。彼は歴史上の偉人の中でもルイ14世を特に評価していた。そのため、彼の偉業を称えようとこの名言が生まれたのだと考えられている。

ちなみに、ルイ14世はわずか4才で王位についてから亡くなるまでの72年間にわたってその座にあった。これは「中世以降の国家元首で最長の在位期間を持つ人物」としてギネスブックに記載されている。また、「太陽王」の異名はその功績を称えてのものであるという説と、バレエで太陽神の役を演じたからという説がある。

ルイ14世（ルーヴル美術館所蔵）

079 世界四大文明が文明の起源というのはウソ

世界の文明はエジプト、メソポタミア、インダス、黄河の4つの文明からはじまったとする世界四大文明説。これらの文明には大規模な人口を養うことができる都市があり、金属器や文字など最先端の技術が用いられていた。大河川を利用するために灌漑施設が造られ、安定した社会を築くことができた点も共通している。以前はこれらの文明から多くの国や文化が生まれたと教えられていた。

だが、実は、考古学の世界では何年も前から文明の起源が四大文明だとする説は否定されているのだ。

その根拠は考古学の調査研究によって裏打ちされている。科学調査の結果、同時期に複数の文明が世界各地に成立していたことがわかり、黄河文明にいたってはそれよりも古い文明が長江に成立していたことが明らかにされたのだ。さらに、4つの文明の影響を受けずに誕生した文明があることもわかってきた。言われてみればもっともで、アメリカ大陸のマヤ・アステカや南アメリカ大陸のアンデス文明など、高度な文明が他にもあったことはよく知られている。

そもそも、歴史を経るにつれて文明の定義は変化・修正を繰り返しているから、「文明の起源は四大文明にある」と固定して考えるには無理がある。そのため、教科書でも四大文明と記すケースは減少し、世界各地に成立した多様な文明のあり方を記載するようになっているのだ。

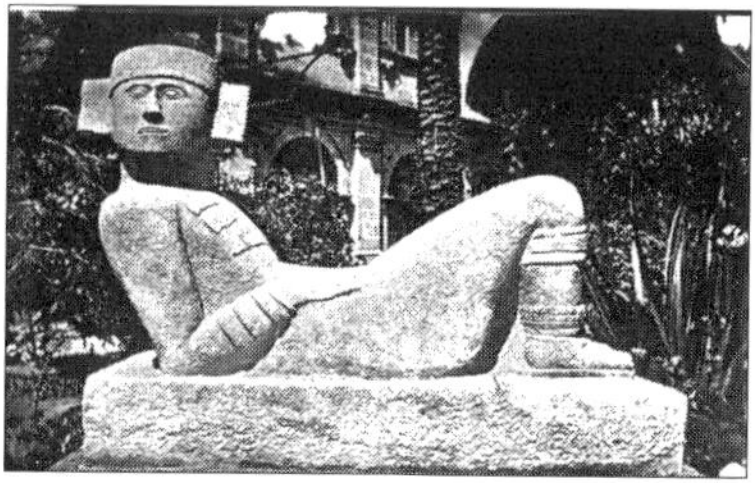
神へ供物を運ぶ役割を持つチャクモール像。マヤ文明のチチェン・イッツァ遺跡から発掘された

長江文明の遺跡から発掘された青銅製の神の面（© Pfelelep）

アンデス文明から派生した最後の帝国インカのマチュ・ピチュ（© S23678）

第5章
政治と事件のウソ

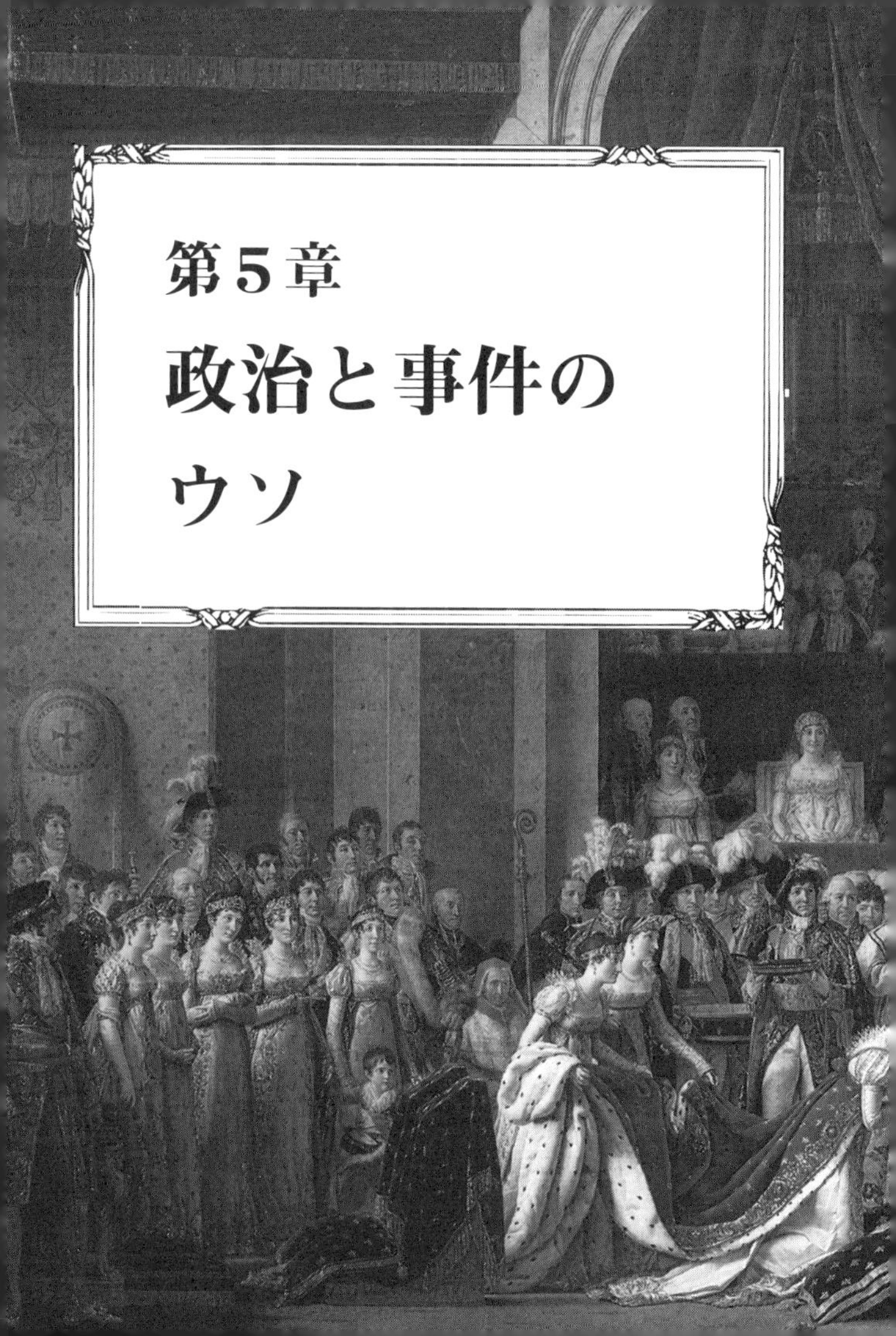

080 幕府がペリーの黒船来航を知らなかったというのはウソ

1853年、浦賀沖に突如としてやってきた4隻の黒船に日本中が大混乱に陥った。幕府は何も知らずに慌てふためき、ただただ西洋文明の技術力に腰が引けていた、このように認識している方もいることだろう。

だが、実は幕府はこの黒船来航を事前に把握していた。黒船来航の前年、長崎奉行が出島にあるオランダ商館から情報を得ており、アメリカが日本との条約を求めていること、アメリカから4隻、中国周辺から5隻の艦隊が派遣されること、その艦隊に陸戦用の兵器が搭載されているという噂があることなどが知らされていた。

老中首座の阿部正弘《あべまさひろ》にも情報は伝わり対応策が練られたが、海防警備を行う海岸防《かいがんぼう》禦御用掛《ぎょごようがかり》は条約締結に反対、長崎奉行にいたっては以前オランダからの警告に誤りがあったことから情報をあまり信用していなかった。結局、浦賀周辺の海岸警備強化を川越藩・彦根藩に命じるにとどまり、情報も上層部にしか知らされなかった。浦賀の実務役人はもちろん、庶民にも知らされることはなかったため混乱が起きて全国に黒船来航の噂が広がったわけだが、こうした幕府の消極的な姿勢が、一部の藩主や武士に徳川家への疑問を抱かせたのかもしれない。

浦賀に来航した黒船「ミシシッピ号」。ペリーは大統領フィルモアから自由裁量権が与えられ、艦隊を利用した交渉も認められていた

（左）海軍大将マシュー・C・ペリー
（右）黒船来航に対処した老中首座の阿部正弘
ペリー来航後、幕府が朝廷と連絡をとり諸大名に意見を求めたことで、各藩の政治的な発言力が強まった

081
日本と貿易をするため　アメリカが開国を迫ったというのはウソ

ペリーの強硬な態度に圧されて締結した日米和親条約《にちべいわしん》によって、日本は従来の対外政策を転換して下田と箱館を開港することになった。その後、通商条約が結ばれ交易が始まるが、日米和親条約でアメリカが開国を迫った最大の目的は捕鯨拠点の確保であり、貿易のために開国を迫ったというのはウソだと言われている。

当時のアメリカは産業革命によって仕事環境が変化し、夜間も稼動する工場が増えていた。すると当然灯りが必要になる。灯りの油として鯨の油の需要が大幅に増えたことで、太平洋沿岸において捕鯨が盛んになった。日本は、捕鯨のため遠洋にやってきたアメリカ船に食糧や燃料を補給するための中継地点として目を付けられたわけだ。条約にもアメリカ船への燃料・食糧の供給に関する条項が記されている。

また、もう1つの目的が、中国市場を開拓するためアジアに拠点を持つことだった。アメリカは中国市場の開拓で欧州諸国に後れをとっていたが、欧州とは違って太平洋ルートを活用できるという地理的な強みも持っていた。その強みを生かそうと、上海

19世紀の上海の街並み。イギリス・フランスとの戦争に負けた清国は治外法権によって上海に干渉できなくなり、当地は経済・文化の西洋化が進んだ

までの航路開拓が計画され、補給拠点として津軽海峡に面する箱館が注目されたのだ。

貿易はその後に結ばれた通商条約に基づいて行われ、欧州諸国とも同じ内容の条約が結ばれた。開国も通商もアメリカが先導したわけだが、開国後すぐ自国で起きた南北戦争で内戦状態に入ると、日本との交易どころではなくなってしまい、日本の市場開拓は後回しにされた。皮肉なことに、アメリカが足がかりをつけた日本の市場は、そのライバルのイギリスやフランスが中心を占めるようになったのである。

082 幕末の対外交渉で幕府が弱腰だったというのはウソ

これまで、幕末の幕府は外国の圧力に屈して弱腰になり日本に不利な条約を受け入れた悪者として非難されることが多かった。だが、近年は幕府の外交政策が見直され、実際には日本の自立を守るため奮戦していたことが明らかにされている。

不平等条約だと言われる日米修好通商条約には、外国人が日本で罪を犯しても日本人が日本の法律で裁くことができないこと、関税を自国で設定できないことなどの条項が含まれており、これらの条件はアメリカには適用されなかった。

一見すると不平等な条約だが、武力面で圧倒的に不利だった幕府が条約を拒否することは難しかった。また、当時の日本は権力が幕府や諸藩に分散していて全国で通用する統一的な法体系がなく、領事裁判権が認められたのも仕方がない面はあった。

しかし、実は日本に有利な条項もあった。それが「外交官以外の外国人は居留地から10里（約40キロ）以内しか移動できない」という制限だ。この制限は、外国商人の産地での直接買い付けを阻止し、彼らが日本国内市場へ侵入するのを防ぐという大き

日米修好通商条約で幕府側の代表だった岩瀬忠震（右）とアメリカ側代表タウンゼント・ハリス（左）

な役割を果たした。開港した横浜では、商機を掴もうと日本人商人が集まり、外国商人相手に全国の産物を売りつけて利益をあげた。幕府側もこうした事態を予測していたため、外国人の移動制限条項に関しては最後まで折れなかったのである。反対に、日本人がアメリカに行っても移動制限が課されることはなかった。

交渉役の幕府役人も、条約交渉の準備として西洋諸国に関する情報を集めていたため、アメリカ駐在大使ハリスの詭弁《きべん》にも簡単には騙されなかった。アメリカは他国から領土を奪ったことがないという発言（数年前にメキシコから領土を奪い取っている）や、貿易が両国に利益をもたらす（インドやアフリカ、中国では貿易によって成長段階の国内産業が破壊された）といった誘い言葉のウソを見抜き、粘り強く交渉を続けたのである。

083 薩長同盟は倒幕のための軍事同盟だったというのはウソ

歴史好きでなくとも、薩長同盟という言葉と、その概要を知っている人は多いだろう。この同盟によって犬猿の仲だった薩摩と長州が手を結び、軍事的な協力関係を築いて倒幕の中心勢力となったというものだ。

薩長が維新の原動力となり新政府の中核になったことから、この同盟は軍事同盟だと思われているかもしれないが、実は薩長同盟は長州藩の中央政界復帰が目的だった。というのも、長州藩は同盟の2年前、禁門《きんもん》の変で朝廷に弓を引いたとして朝敵扱いされており、それを口実に幕府の命で兵が差し向けられ、窮地に立たされていたのだ。

そこで、坂本龍馬と中岡慎太郎を仲介に幕府・朝廷双方と良好な関係を築いていた薩摩の支援を得て、朝敵から解除してもらおうとしたというわけだ。

だが、強硬派の倒幕計画が洩れてしまったために薩長の意見は武力倒幕にシフトせざるを得なくなり、薩長同盟は軍事同盟として機能することになったのである。

084 大政奉還を考えたのは坂本龍馬というのはウソ

薩長同盟の仲介や大政奉還の上奏など、倒幕に大きな功績を残した土佐藩出身の坂本龍馬。幕末志士の中でも屈指の人気を誇るが、実は龍馬が大政奉還を考えたというのはウソだということをご存知だろうか?

大政奉還とは将軍から朝廷へ政権を返上することで、実現から2ヶ月後に王政復古の大号令が出されて天皇中心の新政府が誕生した。だが、元々は幕臣の役人によって考案された構想で、政権返上後、徳川家主導で諸藩の連合政権を樹立するのが目的だったのだ。

大久保忠寛

龍馬は、大久保忠寛《ただひろ》という幕臣からその構想を聞いて藩に持ち帰り、後藤象二郎《しょうじろう》の賛成を得て前藩主山内豊信《とよしげ》に提案した。豊信の説得もあって幕府は大政奉還を受け入れたが、薩長の介入で徳川連合政権の構想は砕かれ、天皇中心の新政権が誕生したのである。

085 新選組が水色の地に白いダンダラ模様の衣装を常に着ていたというのはウソ

新選組《しんせんぐみ》といえば、水色の地に白いダンダラ模様の衣装が印象的だ。だが、ドラマやアニメでお馴染みのこの衣装は、新選組結成から1年足らずで廃止されていた。尊皇派志士を襲撃して彼らが名を上げた池田屋事件を最後に見られなくなり、それ以降は羽織も袴も全身黒ずくめの衣装だったという。

旧衣装は新選組創設時のメンバー芹沢鴨《せりざわかも》によって考案されたと言われている。忠臣蔵好きの芹沢は、赤穂浪士が討ち入りの際に用いたダンダラ模様の衣装を隊服に採用。水色（浅葱《あさぎ》色）は切腹のとき使用される袴の色で、そのうえ隊士と敵の区別も容易にできる。並々ならない思いが感じられる衣装だが、結成当時に金がなかったせいか、この隊服はあまり上等のものではなかったらしく、そのうえ目立つし全員に行き届かないしで、次第に着る者も減っていった。髷《まげ》の結い方を変えたり高下駄を履いたりして一目で新選組とわかるよう色々と工夫していたようだが、派手な衣装は定着しなかったようだ。

086
「目には目を」のハンムラビ法典が復讐法というのはウソ

「目には目を、歯には歯を」の条文で知られるハンムラビ法典。紀元前18世紀に現在のイラク周辺を治めたバビロニアで発布された法典で、「やられたらやり返せ」と復讐を認めているように解釈できる。しかし、実際はその逆で、行き過ぎた復讐を阻止するための条文だったと考えられている。

世間一般に広がっている「目には目を」という文言は他の書物からの引用で、実際の条文には「人もし、自由人の眼を傷つけたる時には、彼自身の眼も傷つけられるべし」とあり、罪を犯した者はそれと同等の報いを受けると規定されている。これを見る限り復讐を認めているとは言えないし、別の条文には頬を打つくらいの軽い罪なら金銭による償いで十分だと記されている。

ただ、これは身分が対等の者同士の話で、奴隷や下位者に対して罪を犯した場合は刑罰が軽くすむと決められており、逆に奴隷が罪を犯せば重罰が科された。それでも、平民は富者よりも安い医療費ですむなど一定の配慮もされていたようだ。

087 古代ギリシャ・ローマが民主的だったというのはウソ

西洋の歴史を見ると、ルネサンスや新古典主義など、過去に理想を求めて社会は大きく変化し、新しい文化や技術を生み出してきたことがわかる。

その理想とされたのが古代ギリシャ・ローマの時代だ。そこでは演劇や哲学、文学が発達し、ギリシャ時代は都市国家の1つ、アテナイで直接民主制が布かれ、帝政ローマ時代にはパクス・ロマーナと呼ばれる安定した社会が実現した。

こうした古代の文化は民主主義の原型として高く評価されることもあるが、実際にはギリシャ・ローマが民主的だったというのはウソで、不平等や非民主的な面も持ち合わせていた。

アテナイの直接民主制は、自由人である市民の男性しか参加できず、総人口の約3分の1は奴隷だった。戦争によって征服された土地の人間が奴隷となり、「話す道具」として市民に従属させられていたのだ。市民への政治的平等は徹底していたが、それ以外の人々はそうした恩恵を受けることはなかったようだ。むしろ、直接民主制は扇動家や詭弁家に流されて政治が混乱することも多く、「衆愚政治」に陥ることから避けるべき政治体制だとみなされるようになっていった。

帝政ローマの時代になると、帝国内の全自由民に市民権が与えられ、一見すると開明的な政策が行われていた印象を受けるが、実際には度重なる領土拡大戦争によって経済は疲弊し、地域によっては重税が課されることもあった。それでも民主制＝衆愚政治という認識もあったため、一部の有力者による政治が認められており、市民の政治参加は限定的だった。今日のような民主主義の雛形のようなものがこの時代からあったとは言いがたいだろう。

衆愚政治を非難したアテナイの哲学者プラトン（©Jastrow）

088 ローマ帝国の五賢帝が全員ローマ出身というのはウソ

ローマに安定した社会をもたらした五賢帝《ごけんてい》の時代は、5人の皇帝によって道路や水道などのインフラが整備され、ロンドン・パリ・ウィーンなどの近代都市形成へとつながる下地ができた。そんな時代を築いた五賢帝、ローマの皇帝なのだから当然ローマ出身だと思われがちだが、中にはローマの属州から皇帝に選ばれた者もいた。

それが、2番目の皇帝トラヤヌスだ。彼はローマ帝国配下の属州の1つヒスパニア（スペイン・アンダルシア地方）出身で、若い頃から軍事的、政治的才能を生かしてキャリアを築いていた。属州の反乱鎮圧で名を上げ、前皇帝の指名を受けて皇帝に就任、軍からも支持を集め、治世下で帝国最大の領土を実現するなど功績は華々しい。だが、拡大した領土の維持や恒常的な戦争状態がローマ帝国崩壊への原因にもなってしまった。

トラヤヌスの胸像

089 ヘロデ大王がキリスト誕生を怖れて国中の幼児を虐殺したという話はウソ

『新約聖書』によると、ユダヤ人の王であるヘロデ大王は、救世主キリストが誕生したことを聞いて自分の地位が奪われることを恐れ、その地にいる2歳以下の幼児の殺害を命じたとある。この話に憤慨された方、これはウソなので安心していただきたい。

この話は『新約聖書』の「マタイによる福音書」に記されている。だが、これはユダヤ人に対してイエスがユダヤの王であることを説得することが目的であるため、他の3つの福音書にはない記述もある。そのため、虐殺の話も史実だったとはみなされていないのだ。

ヘロデ大王

身内を次々に手にかけるほど猜疑心《さいぎしん》が強かったという性格ではあったが、その一方で公共事業やエルサレム神殿の改築など、都市計画に力を入れて統治者としての責任も果たしていたようだ。

090
現在の万里の長城が始皇帝の時代に造られたというのはウソ

中国の世界遺産の中でもっとも有名だといっても過言ではない万里《ばんり》の長城《ちょうじょう》。紀元前3世紀、秦《しん》の始皇帝《しこうてい》によって周辺遊牧民の侵入を防ぐために建造された防壁として、日本でも広く知られている。2万キロを超える圧倒的な長さには驚かされるが、現在残っている大部分は秦の時代から1000年以上経ってから造られたことをご存知だろうか?

始皇帝によって王朝が統一されると、各地に広がる旧王国の城壁を統合する形で万里の長城も誕生した。王朝の交代によって万里の長城が防壁として使われなくなることもあったが、慢性的に異民族の侵入に悩まされていた中国にとって、長城の利用は必要不可欠だったようだ。特に北方からの異民族は時代を問わず王朝の脅威になっていた。秦の時代は匈奴《きょうど》に脅かされたし、金《きん》や元《げん》などは北方の騎馬民族によって建国された王朝だ。

漢民族が治める明《みん》王朝はこうした異民族に脅威を感じていた。元を倒して中国を統一したものの、その力は侮れない。そこで3代皇帝永楽帝《えいらくてい》は、北方の国境に長大な防壁を築いて元再来への備えとすると同時に、西方のモンゴル高原へ積極的に遠征して脅威を取り除くことを決意する。

だが、結局は明も他の王朝同様、北方から侵入した異民族によって滅ぼされた。異民族の戦闘力の高さももちろんあるが、初期の万里の長城は土を固めた土塁で、高さは約2メートルと防壁としてはかなり心もとないものだった。異民族ははしごを使って楽に侵入できたし、明代に強化された長城はもはや異民族の機動力に対処できるものではなかったため役には立たなかった。

秦の皇帝・始皇帝。万里の長城を築いて外敵の侵入を防ごうとしたが膨大な資金や人員を動員した割には大きな成果はあげられなかった

また、このような大規模な建造物を造るにはそれに見合うだけの費用や労働力も必要になる。見返りのない大事業が続けられると、当然の結果として民衆は疲弊し建造費も捻出できなくなった。

091 ヨーロッパが他地域より先進的だったというのはウソ

近代日本人にとってヨーロッパは最先端を走る大文明圏で、文化・科学・法・経済などあらゆる分野でお手本にされ崇められた。現在の歴史教科書を読んでも、大航海時代や産業革命期などを経験した西洋世界は、常に先進的だったような印象を受ける。

しかし、我々がすごいと思っているヨーロッパは、ヨーロッパ人にとって都合よく解釈された産物であり、歴史的に見れば後進地だった時期の方が長かった。

特に中世は疫病の蔓延によって、当時の人口の半数近く、約2000～3000万人が死亡したと推定されている。一方でこの時期、イスラム諸国や中国周辺の国家は自己の文明を育み、インフラや識字率などの点で西洋文明よりも優位に立っていた。

そもそも、「ヨーロッパ」といってもルネサンスの舞台はイタリア、大航海時代を牽引したのはスペイン・ポルトガルと範囲はかなり限定的で、ヨーロッパ地域全体が進歩し続けていたわけではない。イタリアが近代国家として成立したのは日本と同じ時期だし、近代のスペインやポルトガルでは産業革命や自由貿易などは見られないなど、ヨーロッパでも近代化に苦戦している地域があった。とても「進んだヨーロッパ」というまとまった先進的な共同体として扱うことはできないのだ。

では、なぜヨーロッパは先進的というイメージが浸透しているのか？　それは世界史に、「工業化を遂げて他地域より優位に立ったヨーロッパ文明が歴史の主役として世界を動かす」という流れが貫かれているからだ。元々、史学はヨーロッパ人が自らの進歩を研究する学問としてスタートしている。日本に歴史学が導入された際、史料批判に基づく客観的な手法が重視されたが、西洋の歴史＝日本が目指すべき目標として西洋史研究が始まったこともあり、「進んだ西洋」が現在でも強調されているのだ。

18世紀の歴史学者レオポルト・フォン・ランケ。史料に基づいた実証的・科学的手法を歴史学に取り入れた

現在では、西洋を軸に自国の歴史や世界史を研究する手法は見直されつつある。多様な社会変化の歴史を「西洋の優位」から見ていては視点が偏り判断を誤ることがあるからだ。どのような世界史像を描き出すかについては世界的な取り組みが必要だが、研究が進めばいつか世界史の教科書がガラッと変わるときが来るかもしれない。

092 マキャベリの『君主論』が君主制を推奨していたというのはウソ

マキャベリの『君主論』は、君主は国を治めるためにどうあるべきかを説いた政治学の論文だ。名前ぐらいは聞いたことがある人も多いと思うが、「目的のためなら手段を選ばなくていい」と言われる内容に気が引けて読むのは躊躇《ちゅうちょ》してしまうという人も少なくないだろう。君主制を特別扱いして民衆を軽視しているかのような記述に後味が悪くなったという人もいるかもしれない。

だが、マキャベリが『君主論』を書いたのは君主制を推奨していたからではなく、君主に気に入られて就職することが目的だった。

マキャベリが生きた15世紀のフィレンツェは、もとは共和制国家で、彼自身も共和制支持者だった。優秀な外交官として活躍したマキャベリだが、政変によって前君主メディチ家が実権を握ると職務をクビになり、共和制支持者とみなされて政治の世界から締め出されてしまった。そこで、マキャベリは外交官時代の経験を基に、裏切りや冷徹さなど人間の負の面に目をむけ、現実的な政策を採るよう君主に勧める『君主論』を書き上げて就職活動の武器にしたのだ。その内容はメディチ家当主にも高く評価され、マキャベリへの不信感を払拭させることに成功した。こうしてマキャベリは政治顧問として再び政治の世界に復帰し、見事に就職活動を乗り切ったのだ。

しかし、一連の節操のない行動は新たな敵もつくった。共和制支持者からは裏切り者扱いされ、メディチ家が再びフィレンツェから追放されるとマキャベリも共に政権から追い出されることになったのだ。

その後は政界へ復帰することなく生涯を終えるという寂しい最期を迎えたマキャベリだが、彼がそうまでして政権に固執したのは、衝突や侵略が繰り広げられる不安定なイタリア半島の政情を安定させたいという気持ちが強かったからだ。その想いからマキャベリは政権に身を置き続けようと必死になったのである。

現在ではその政治哲学が再評価され、リーダーに求められる知識がつまった教科書として世界中で読まれている。

『君主論』を記したマキャベリにちなんで「目的のためなら手段を選ばなくていい」ことをマキャベリズムと言うようになった

093 魔女狩りで処刑されたのは女性だけというのはウソ

今から400年以上前、西ヨーロッパで魔女狩りが盛んに行われた。魔女だとみなされた者は、キリスト教会の異端審問にかけられ否応なく処刑された。その数は15世紀前半から17世紀後半の間でおよそ4万人にのぼると言われている。

実は、魔女といっても、女性ばかりが対象ではなかった。時代によって魔女の定義も変化したが、もとはキリスト教の異端派やユダヤ教、土着信仰などキリスト教会が迫害した集団を指していた。そこには当然男性も含まれ、女性よりも多く男性が処刑される地域もあったという。

魔女とみなされ火あぶりにされる女性

魔女＝女性という考えは、15世紀の『魔女の槌』という魔女狩り用ハンドブックが影響している。読み継がれたこの本に、魔女は男より女の方が多いと記されているため、魔女＝女性のイメージが固まっていったのだ。

094 ギロチンが残酷な処刑法というのはウソ

ルイ16世やマリー・アントワネットなどの死刑執行に使われた処刑器具ギロチン。断頭台の字面からもわかるとおり、吊るした刃物を落として人の首をスパンと刎《は》ねるあの道具である。残酷な光景に目を背けたくなるが、実際は苦痛を伴わずに処刑するという人道的な目的で採用された器具だった。

ギロチンの正式名称は「Bois de Justice（正義の柱）」といった

フランス革命でギロチンが導入される前の斬首刑は、剣や斧で首を切る方法を採っていた。この方法の欠点は、執行人の技術が未熟だと首が上手く切れずに受刑者が苦痛に悶《もだ》えるという点にある。また、斬首刑が適用されるのは貴族だけで、平民には絞首刑の他、四肢の骨を砕いて車輪に固定する車裂《さ》きの刑など、とんでもない処刑が行われていた。死刑は嫌だが、これらの方法に比べれば確かにギロチンの方がマシに思える。

095 平安時代に死刑が廃止されたというのはウソ

８１８年、天皇と貴族によって運営されていた律令国家はある命令を下した。それが死刑廃止の宣旨《せんじ》だ。天皇が下したこの宣旨では、盗人に対する死刑は今後停止せよと記されている。これ以降、他の罪についても慣例的に死刑は行われなくなり、死刑になっても、天皇による恩赦で罪が軽くなることがしばしばあった。

１２００年も前になんと人道的な政策かと思われるかもしれないが、これは平安京に限った話で、地方で反乱を起こした者が追討対象として殺されるのは当たり前だった。また、流罪にしても流刑地に辿り着く前に盗賊に襲われ命を落とすことが珍しくなく、無事に辿り着いても悪党に金品を狙われることがあり、命の保証はなかった。

ただ、京内の貴族に対して死刑を適用することには反対が根強かった。こうした貴族の態度に影響を与えているのが、死や血などを忌み嫌う穢観《けがれ》だ。貴族社会の間では、穢に触れると災いに巻き込まれると考えられており、平安京でも穢は徹底的に避けられた。京内の死刑廃止はこの穢観と密接に関係している。

096 鎌倉幕府が全国支配したというのはウソ

「鎌倉幕府は腐敗した貴族政治を終わらせ武士による全国支配を推し進めた」と習った方もいるかもしれない。ところが、その鎌倉幕府が全国を支配したというのはウソで、朝廷の定める手続きを踏んで支配権を確立した地方勢力だったというのだ。

鎌倉幕府は官位贈与、東国支配の確定、全国の警察権・徴税権の認可など、朝廷から権利を認められて勢力を築いたが、その大義名分は「天下を乱す平氏を倒す」ことで、朝廷を打倒することではなかった。

その後、承久の乱で朝廷と争い勝利した幕府は貴族社会に対して優位に立ったが、乱後に制定された御成敗式目《ごせいばいしきもく》は幕府配下の御家人にしか通用しなかったし、貴族は公家法、荘園領主には本所法《ほんじょほう》など、複数の法体系が存在していた。

御家人や幕府にとっていわば治外法権にあたる土地はあったようで、特に皇族や大寺院などが所持する土地の支配を巡って争うと、泥沼化して決着がつきにくかったようだ。

097 秀吉の刀狩で百姓が丸腰になったのはウソ

豊臣秀吉が行った有名な政策の1つが刀狩令である。農民から武器を没収して一揆を防ぎ、農業に専念させることを目的とした教科書でもお馴染みの政策だ。しかし、実は農民から取り上げたのは文字通り刀だけで、その他の槍や弓、鉄砲などの武器は没収されず、しかも大抵は村の判断で刀が集められたという不徹底ぶりだった。秀吉はこの法によって何をしようとしたのだろうか？

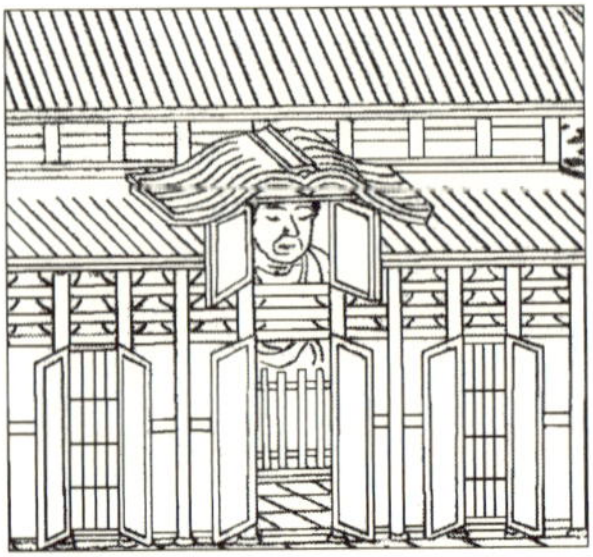

刀狩で集まった刀は方広寺の大仏造立に使われた（『都名所図会』部分／国会図書館所蔵）

実は、刀狩令と前後して「喧嘩停止令《けんかちょうじれい》」という法令が出されていた。この法は喧嘩両成敗の庶民版で、村々での争いを武力で解決するのを禁止している。秀吉はこの法と刀狩令によって、実力行使で問題を解決する戦国の気風を変えて兵農分離を進めようという、いわば意識改革のために刀狩が実施されたのである。

098 幕府の直轄地が「天領」という呼称だったというのはウソ

江戸幕府の財政はおよそ400万石の直轄領からあがる年貢や鉱山からの収入、貿易の利益などから成り立っていた。このうちの直轄領を歴史小説などでは「天領」と記すことが多いが、この用語が使われるようになったのは明治以降で、江戸時代には支配所《しはいしょ》、御料《ごりょう》などと呼ばれていた。

天領という言葉は、天の領地、つまり「天皇の直轄地」を意味する。幕府の領地が天領と呼ばれるようになったのは、徳川幕府から維新政府へと政権が移り、幕府の領地が天皇の領地に組み込まれたからで、「幕府が天下を治めているから天領」というわけではない。

ちなみに、天皇の領地は禁裏御料《きんりごりょう》といい、江戸時代は3万石ほどしかなかった。幕府の直轄地の100分の1以下だった領地が急に増えたのだから、時代の変化とは恐ろしいものである。

099 参勤交代で庶民は土下座しなければならなかったというのはウソ

江戸時代の大名は、国元と江戸を1年交代で往復する参勤交代が義務付けられていた。時代劇でも長々とした大名行列はお馴染みの光景だ。よく「大名行列に出くわした庶民は道を譲って土下座しなければならなかった」と誤解されることが多いが、実際には土下座が必要だったのは徳川御三家のみで、他の大名の場合は行列を邪魔しない程度に道を譲り、頭を少し下げるだけですんだ。

土下座にしても、我々が知っているような頭を地面に擦り付けるタイプではなく、しゃがんで顔を伏せればそれでよかったようで、当時の様子を描いた絵を見るとその違いがよくわかる。

また、大名行列を妨害して切り殺されるなんてことはめったになく、怒鳴られるか殴られるかですんだという。庶民を切ったらなんらかの処罰を受けるか、自分に非がないことを証明しなければいけなかったため、厄介ごとに巻き込まれないよう「切り捨て御免」は避けられていたのだ（214ページ参照）。

大名行列に道を譲る庶民。時代劇で見るような土下座は行われていない（『徳川盛世録』国会図書館所蔵）

そもそも仰々しい行進は自国領民に威厳を示すことが目的だったため、人が多い町内を抜ければ行列は簡素化された。町内を通るときは人を雇って大規模な行列に見えるようにし、格式ばった衣服を身にまとって「威厳ある領主」を演出していたに過ぎないのだ。

このように、大名行列には一般的に知られているよりも柔軟性があった。そうでなければ、産婆さんは行列を横切ってもお咎めなしという規定が盛り込まれることはなかっただろう。

100 徳川5代将軍綱吉の生類憐みの令が悪法だったというのはウソ

徳川綱吉といえば天下の悪法「生類憐《しょうるいあわれ》みの令」を出した将軍としてあまりにも有名だ。犬好きの綱吉は、犬はもちろん蚊や蝿などすべての生き物を殺すことを禁じる一見無茶な法令を出して庶民を困らせたと伝えられている。しかし、これは大きな間違いで、元々は捨て子対策として出された法令だったのだ。

現在では「生類憐みの令」という単体の法律であるかのように思われがちだが、実際は20年にわたって発布された生物保護に関するお触れで、はじめは厳格に殺生が禁止されていたわけではなかった。だが、殺生はよくないと言われても簡単には従おうとしない者もいたようで、わざと犬を殺して見世物にする者もいた。こうなると反抗する側と引き締める側でいたちごっこが始まり、最終的にやりすぎな悪法が出されるにいたったのである。

といっても、地方ではそれほど厳密ではなかったようで、尾張藩では何度も魚釣りが行われていたし、長崎では豚肉・鶏肉が食べられていた。

また、悪法といっても先ほど触れた捨て子対策や動物の死体の遺棄を禁止するといったお触れは綱吉以降の将軍にも継承された。途中でどこかおかしくなってしまった生類憐みの令だが、この一連のお触れによって戦国の荒々しい気風を残していた社会は徐々に変化した。さらにこの法と関連して神道に根ざした服忌令《ぶっきれい》を出したことで、血や死を忌み嫌う風潮を作り出し、武力によって相手をねじ伏せる旧来の価値観を転換させることに成功した。綱吉の治世を経て、世は「武」から「文」へと移行することになったのだ。

このような功績があるにもかかわらず低評価しか受けてこなかったのは、水戸黄門こと徳川光圀《みつくに》との逸話が影響している。生類憐みの令に反対する光圀が綱吉に犬の毛皮を送りつけて皮肉ったという話は広く知られているが、これは人気が高い光圀をもちあげるために作られた創作の可能性が高い。この他にも大規模火災、赤穂事件、富士山噴火やそれらに伴う財政破綻など、とにかく不運が重なったことも、綱吉への反感と無関係ではないだろう。

5代将軍・徳川綱吉

101 米兵がやさしさでチョコを恵んだというのはウソ

空襲で焼け野原となった東京、玉音《ぎょくおん》放送に耳を傾ける国民、種種雑多な食糧が並ぶ闇市……。こうした光景は戦後の日本の姿として映画やドラマでよく描かれる。それとともに米兵がジープから体を乗り出し、子どもたちにチョコレートやガムを配る様子も定番だ。「ギブ・ミー・チョコレート」とチョコをねだる子どもと得意げな米兵の組み合わせは、困窮する占領期の日本の姿をよく表している。

実はこのチョコレートやガムの費用はすべて日本が負担していた。アメリカ製のチョコを日本政府が買って米兵はただ配っていただけ。目的は〝やさしい米兵〟を演出して反米感情を抑えることで、要はとんだやらせだったわけである。

米兵にチョコレートをねだる子どもたち（毎日新聞社提供）

102 日清戦争を機に不平等条約で決められた領事裁判権が撤廃されたというのはウソ

明治政府の目標の1つに、幕末に結ばれた不平等条約の改善があった。中でも領事裁判権の撤廃は主権国家としての課題だった。外国人の罪は外国領事が裁くという権利で、外国人船長が日本人乗客を救助せず溺死させても無罪となったノルマントン号事件が起き、国内では条約改正論が過熱して国中の関心事になったわけだ。

そんな日本の悲願達成に、1895年の日清戦争の勝利が影響を与えたと言われることがある。「眠れる獅子の大国・清に弱小国の日本が勝った。この出来事で日本は近代国家として欧米諸国に認められ、領事裁判権の撤廃に繋がった」という筋書きだ。

だが、実は領事裁判権の撤廃は日清戦争前に達成されていた。つまり、戦争の勝利ではなく、外交官による交渉が不平等条約改正をもたらしたのだ。ただ、1894年、日清戦争の直前にイギリスとの改正交渉に成功して新条約を結んだが、条約が実施されたのは1899年からだった。そのため、日清戦争の影響で条約が改正されたと勘違いされることになったのだろう。

103 犬養毅が軍部と敵対したというのはウソ

1930年代、世界恐慌のあおりを受けて混乱する日本では、政界や財界に不満を抱く軍部が台頭して不穏な空気が流れ、クーデターや暗殺事件が相次いだ。中でも衝撃的なのが、海軍の青年将校の一団に首相の犬養毅《いぬかいつよし》が暗殺された五・一五事件だろう。

この事件からわかるとおり、軍部は犬養毅をずいぶんと嫌っていたようだが、犬養自身はむしろ軍事予算を中心とした膨張政策を採って景気を回復させようとしていた。

この膨張政策は日銀総裁経験のある高橋是清《これきよ》蔵相によって進められた。政府支出で軍需産業を支援し、製造業や重工業など軍事生産に関連する企業への需要を生み出して財政再建を図ろうとしたのだ。

この政策が功を奏して景気は徐々に回復したが、軍部は財閥だけが利益を独占しているとして犬養と高橋に敵意を抱いた。さらに中国に駐屯する関東軍が無理矢理建国した満州国について、犬養は国として承認せず中国との融和を図るべきだと主張して

未曾有の帝都大不穏事件
狙撃されて重傷の
犬養総理大臣遂に逝去
政界の巨星、兇弾に斃る
輸血も效なく昨夜十一時過
鈴木侍從長
天機を奉伺
各閣僚の暇乞ひ
近親者一同の温やかな通夜

1932年、五・一五事件を報じる新聞記事

軍部の怒りを買ってしまう。犬養は天皇直属の統帥権を侵した大罪人として敵視されることになったのだ。

こうして海軍の青年将校は「統帥権の干犯」を理由に犬養を亡き者にしたが、この統帥権の干犯は、1930年に開かれたロンドン海軍軍縮会議の政府交渉を批判するため、当時野党だった犬養自身が持ち出した考えだった。皮肉にも、自分自身の考えが死を招く原因になってしまったのである。

im super polis zodiaci proprio motu, anno uno eclypticam permeat oblique æquinoctialem secans & ad 13. cum
medio gradus ab illo uersus utrumq; polum recedens, ubi tropicus Cancri & Capricorni notantur. Meridiani sunt
rculi per æquinoctialis sectionum quamuis & polos mundi descripti, ideo Meridiani dicti, quod in illo constituto
de meridies sit omnibus qui sub eodem in eodem hemisphærio duobus polis terminato habitant.

Nunc quid hi circuli mutationis quæue accidentia in regiones & diuersas sphæræ partes adferant, audi. Meridia
longitudinem locorum & longitudinis siue horarum differentiam duorum quorumlibet locorum indicant. Con-
stituerunt autem Geographi initium longitudinum in meridiano qui per occidentalissimam insulam Canariarum
icitur, & inde uersus orientem longitudinem computant, quia proprius astrorum motus per quem longitudines
corum obseruantur, ab occasu in ortum tendit. Differentia autem longitudinis duorum locorum, ex distantia meri
anorum utriusq; quæ in æquinoctiali paret sit, cognoscitur. Vt si Meridiani illorum 30. gradibus in æquatore à se
uicem distent, erit differentia longitudinis eorum 30. graduum, & duarum horarum differentia, ita ut cum in occi-
entaliore fuerit hora decima, in orientali erit duodecima, duabus enim horis sol ab orientaliore meridiano perue-
t ad occidentaliorie meridianum motu diurno, etenim 24. horis totum globum terræ ambit. Præterea diuiduntur
eridiani in 360. gradus, quemadmodum æquinoctialis, & numerantur ab æquinoctiali utrimque ad polum 90.

designantur iuxta eorum latitudinem, sic tropici duo, Cancri & Capricorni, gradum
meridianis omnibus occupant. Arcticum autem & Antarcticum circuli 66. cum dimidio
prehendunt, inter duos tropicos sitam, torridam uocant, quod sol perpetuo supra eā u
tensum calorem adferat, duæ inter tropicos et Arcticū Antarcticumq; temperatæ dic
calidissimam & frigidissimam se habeant, reliquæ intra Arcticū una, & intra Antar
pote à sole remotissimæ. Rursum quia in diuersa latitudine etiam diuersa sit quantitas
uersam latitudinem ab æquinoctiali ad polū usq; per certos aliquot Parallelos, in quib
qua maxima dies maximaq; nox super perpetuam æqualitatē, quæ est in æquinoctiali
secundus illam in quo dimidia hora, tertium in quo tribus quadrantibus et sic deinceps d
semihoras tantum differentias considerat, tandem etiam per horas integras, dies, heb
so unus tantum dies unāq; nox totum annū emetiantur. Inter hos parallelos constituere
climata appellarunt, primum à tertio parallelo ad quintum usq;, secundum hinc ad 7.
quintum ad 13. Hacusq; putabant orbem habitari, ulterius non, propter intensum fri
quæ ad tertium utrimq; parallelum [quod est medium torridæ zonæ] propter nimium

第6章
伝統と起源のウソ

104 サンタクロースの服が伝統的に赤いというのはウソ

1年に1度、クリスマスにプレゼントを届けてくれるサンタクロース。サンタクロースといえば、りっぱな白ひげ、ふくよかな体型、プレゼントの入った大きな白い袋、そしてあの赤い衣装が特徴だろう。ところが、サンタクロースの衣装は赤と決まっているわけではないのである。

サンタクロースのモデルになったのは4世紀頃東ヨーロッパにいたとされる守護聖人・聖ニコラウスで、貧しい人々や冤罪の人々を助けた伝説が語り継がれてきた。現在のような姿の原型が現れたのは19世紀初めと歴史は意外に浅い。19世紀のクリスマスカードを見てみると、赤い服を着ているものもあるが、緑、紫、茶色などさまざまな色の服を着ているのがわかる。体型もスリムだったり、伝説になぞらえた小人の姿だったりとまちまちだ（妖精と伝えられるところもある）。

赤い服のイメージに統一されたきっかけは、コカ・コーラ社の広告だった。1931年、コカ・コーラ社のクリスマスキャンペーンのために描かれたのが、まさに今に通じる、豊かな白ひげに赤い服、コカ・コーラを片手に陽気に笑うサンタクロースの絵だったのである。当時の広告費に1000万ドル近くかけたとも言われ、そのため世界中に赤い服の陽気なサンタクロースのイメージが定着したのだと考えられている。

「サンタクロースの赤い服の起源はコカ・コーラ社」と言われることもあるが、元から赤い服を着たサンタクロースはいて、各地で異なっていたサンタクロースのイメージを統一し定着させたにすぎないので、この説もウソである。

ちなみにイギリスでは今でも緑色のローブを着たサンタクロースもいるそうだ。

1931 年のコカ・コーラ社の広告（©Miel Van Opstal）

105 ハロウィンがキリスト教の行事というのはウソ

日本でもすっかり定着した行事、ハロウィン。10月31日にお化けに仮装した子どもたちが「トリック・オア・トリート」と言いながら近所を回り、お菓子をもらうというのがアメリカでのやり方だ。外国の行事＝キリスト教の行事なのだろうと思う人も多いだろうが、実はハロウィンはキリスト教とは全く関係がないのである。

元々は、イギリスのアイルランド人の先祖である古代ケルト人の祭りである。ケルト人にとって1年の終わりは10月31日にあたり、この日は死者の霊がたずねて来る日とされていたため、魔除けの目的で仮装をしたのが起源なのだ。また、秋の収穫を祝う目的もあったという。

翌11月1日はキリスト教カトリック教会の定める「諸聖人の祝日」であり、この祝日の前夜祭がハロウィンと重なるためキリスト教と関連付けられるのだろう。ハロウィンはあくまで民間行事であり、キリスト教会はハロウィンを祝日に定めているわけではないそうだ。

106 ジャック・オー・ランタンがカボチャの皮をかぶっていたというのはウソ

オレンジのカボチャの皮をくりぬいて目と鼻と口を作り、中にロウソクの火を灯す。ハロウィンのシンボルである、ジャック・オー・ランタンの完成だ。ジャック・オー・ランタンは、アイルランドやスコットランドに伝わる、ランタンをもって現世をさまよう死者の魂の存在、または頭にカボチャを被った男の幽霊がモデルになっている。

オレンジのカボチャのイメージがあるが、元々はカブをくりぬいていたそうだ。アイルランドの人々がアメリカに移住したとき、周りにカボチャが多かったことと、カボチャがくり抜きやすかったことから、ジャック・オー・ランタンを作るのにカボチャが定着したという。

アイルランドでは現在でもルタバガというカブを使ってジャック・オー・ランタンを作っており、ハロウィンも伝統的な祝い方をしているそうだ。

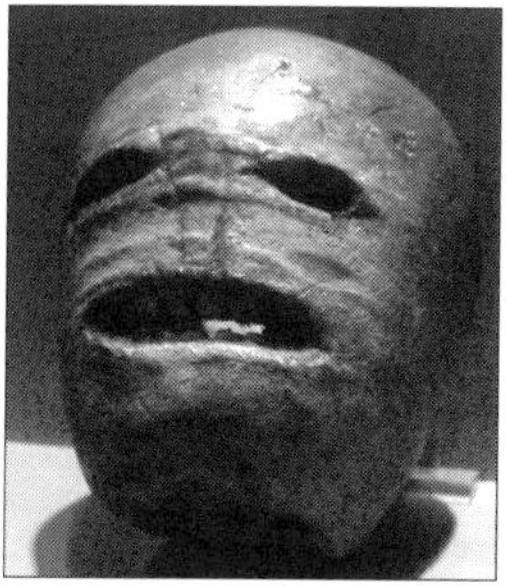

20世紀初頭の伝統的なカブのジャック・オー・ランタン（©File Upload Bot (Magnus Manske)）

107 電球を発明したのがエジソンというのはウソ

アメリカの発明王エジソンの名を知らない人はいないだろう。蓄音機や活動写真など数々の偉大な発明品を生み出した人物だ。そのエジソンの有名な発明品の1つに白熱電球があるが、実は電球を発明したのはエジソンではないのである。

エジソンよりも先に白熱電球の実用化に成功したのは、イングランド出身のジョゼフ・W・スワンであった。彼は、エジソンがアメリカで電球の特許をとる1年前にイギリスで電球に関する特許を取得。しかしその電球はわずか13時間しかもたず、普及にはいたらなかった。エジソンは発明というよりも電球の商用化に貢献したのである。エジソンは電球の寿命を1200時間にまで引き伸ばし、また、当時一般的だったガス灯よりも安く使えることから、エジソンの電球は一気に普及したのである。

白熱電球の発明者ジョゼフ・W・スワン

108 蒸気機関車を発明したのがスチーブンソンというのはウソ

黒塗りの機体が大量の煙とともに線路を走る。この蒸気機関車（ＳＬ）は電車の普及によりあまり見られなくなったが、今でも観光地などで活躍しておりファンも多い。

世界初の公共鉄道「ロコモーション号」

この蒸気機関車を発明したのは「ジョージ・スチーブンソン」だと思う人もいるだろう。実は、それよりも先に蒸気機関車を発明した人物がいる。イギリス人のリチャード・トレビシックだ。彼は１８０２年に史上初の蒸気機関車をつくり、１８０４年に「ペナダレン号」が鉱石と乗客の輸送に成功した。スチーブンソンが有名なのは、彼が１８２５年に世界初の公共鉄道「ロコモーション号」を走らせたからである。トレビシックは引き続き機関車発明に携わっていたが、１８０８年「キャッチ・ミー・フー・キャン号」の開発に失敗したのを最後に身を引いたそうだ。

109 古代オリンピックが平和の祭典だったというのはウソ

現代の私たちがよく知るオリンピックとは、各国の代表に選ばれたアスリートたちが競い合うスポーツの祭典である。オリンピックの起源は紀元前9世紀～紀元後4世紀にかけて約1200年間行われた古代オリンピックにあり、現代のものとは内容や意味合いが大きく違っている。

古代オリンピックの特徴の1つが「聖なる休戦」だ。そのため、オリンピックは「平和の祭典」とも称されるのだが、残念ながら、実際はそうではないようだ。

古代オリンピックは宗教色が強く、古代ギリシャ人が信仰した神々と全知全能の神ゼウスに捧げる、神域における競技祭であったという。そのため、ギリシャ全土から参加者や観客が集まり、移動にも時間がかかるため、会期中はあらゆる争いを中断することになっていた。その聖なる休戦期間は、長いときで3ヶ月間にも及んだそうだ。

だが、聖なる休戦が実際に守られていたのはペルシア戦争（紀元前499～前449年）が終わるまでだった。そこから古代オリンピックが中止されるまで約850年あり、実際はオリンピック会期中にも戦争が行われていた期間の方が長かったのである。

古代オリンピックは、現代で国を代表するアスリートが競い合うように、ギリシャの小規模な都市国家（ポリス）からそれぞれの代表が参加していた。オリンピックで優勝することは出身ポリスにとって大変な名誉であり、古代オリンピック末期にはポリスの支配者たちが有力な選手を引き抜いたり、審判や対戦相手を買収したりと決してクリーンな雰囲気ではなかったという。

古代オリンピックの徒競走の様子が描かれる古代ギリシャの壷絵（©Bibi Saint-Pol）

徐々に退廃しつつあった古代オリンピックの祭典は、393年、キリスト教を国教にしようとするローマ皇帝の命により中止されてしまう。オリンピックの舞台であったゼウスの神殿も壊され、古代オリンピックは終わりを迎えたのである。

ちなみに「オリンピック」とは、古代オリンピックが開催された場所でゼウスの神殿があった、オリンピアの地名に由来する。

110 チェスの起源がヨーロッパにあるというのはウソ

「頭脳スポーツ」とも言われるチェス。西洋の将棋というイメージがあるためヨーロッパが起源だと考える人も多いのではないだろうか。だが、チェスの起源は古代インドの遊戯であった「チャトランガ」にある。サンスクリット語で「4つの部分」という意味で、象・馬・戦車・歩兵の4つの戦力を指すそうだ。

インドからどのようにヨーロッパに伝わったかは諸説ある。6世紀頃にインド王からササン朝ペルシアのホスロー1世に伝えられ、その後8世紀頃から戦争や貿易といった交流の中でロシアをはじめとしたヨーロッパに伝わったという見解が、最近では一般的なようである。

日本の将棋や中国のシャンチーもこのチャトランガが起源とされ、世界中のボードゲームの起源ともいえる遊戯だったのである。

インド・ラージャスターン州に伝わるチャトランガの道具（©Yanajin33）

111 ワインがフランス発祥というのはウソ

ワインの生産地として有名なのが、ボルドーをはじめとするフランスだ。そのためかワインといえばフランスという印象が強い。しかしワインの発祥はフランスから約3000キロも離れた中東地域にあり、紀元前6000年頃にワインを飲んでいた痕跡が現在のグルジアから見つかったのだ。

ワインは血のように赤い色と深い味わいから宗教的な意味合いをもつ飲料とされ、紀元前3000年頃からメソポタミアや古代エジプトにもワインの製造法が伝播されたという。そこでもワインは「太陽神ラーの汗」などと各々が信仰する神々と結び付けられ宗教行事にも用いられた。その後、さらに地中海、ローマへと広がっていき、フランスには紀元前600年頃、ギリシャ人が現在のマルセイユ地方に移住した際に伝えられたそうだ。

エジプトの壁画に描かれるワイン製造の様子

112 世界三大美食の1つ フランス料理がフランス発祥というのはウソ

世界三大美食といえば、中華料理、トルコ料理、そしてフランス料理である。いずれも大帝国時代の宮廷料理に端を発し、周辺地域の料理を取り入れたり多くの料理人がその腕を競わせながら発展したという伝統と歴史ある料理だ。特にフランス料理は日本でも人気が高く、おしゃれなディナーを楽しみたいならフレンチを、と思う人も少なくないだろう。

ただ、現在のフランス料理はフランスで生まれたものではなく、元をたどればイタリア料理にあるのだという。さかのぼること16世紀、当時のフランス王国皇太子アンリ2世が、イタリア・フィレンツェの豪族メディチ家のカトリーヌ・ド・メディシスを王妃として迎えたのがきっかけだ。

その頃のフランス料理というのは、火を通した食材を大皿にのせ手づかみで食べるという非常にシンプルなもので、すでに食の文化が花開いていたイタリアとは雲泥の差があった。そこでフランスに嫁ぐことになったカトリーヌは、自分のお抱えの料理人や給仕人、フォークやスプーンといった食器類、そして調理器具や調理方法を持ち込んだそうだ。それだけでなく、マカロンやアイスクリームといった菓子類も、甘いものを好んだというカトリーヌが持ち込んだものだという。

こうしてイタリアから持ち込まれた料理の影響を受け、フランス料理は発展を遂げた。とはいえそれを享受できたのは上流階級の人々に限られ、一般市民が口に出来るようになるには18世紀のフランス革命を待たなければならなかった。

15世紀初頭のフランス王家の食事風景。テーブル左端には手づかみで食べようとする人物も見られる（『ベリー公のいとも豪華なる時祷書』より）

一品ずつ料理が運ばれてくる形式も、フランスの料理人がロシアの貴族に料理を提供するとき、料理の味を損なわないためにロシアでの給仕法を取り入れて生まれたという。

今日の私たちの目の前に出される一皿には、さまざまな地域の食文化が詰まっているのである。

113 明石原人が存在したというのはウソ

今から約500万年前、アフリカで最古の人類が誕生し、猿人、原人、旧人を経て約1万年前に現代人に通じる新人が出現した。一方、日本最古の人類として「明石原人」が存在したと認識している人もいるかもしれない。しかし、この明石原人は存在しなかったと考えられているのだ。

明石原人の化石人骨は、1931年に考古学者・直良《なおら》信夫によって兵庫県明石市で発見された。発掘された地層もふまえてこれを旧石器時代のものと主張したがまったく相手にされなかった。その理由の1つは、当時「新石器時代より前に日本に人類はいなかった」という定説があったことと、もう1つ、直良が考古学を独学で修めた、いわばアマチュア学者だったことが挙げられる。結局定説を覆せないまま、直良が採掘した化石人骨は1945年の東京大空襲で焼失してしまった。

戦後、1947年に東京大学の長谷部言人《ことんど》が焼失した化石人骨の石膏模型を発見し検証したところ、北京原人級の古い化石だとして「明石原人」と命名した。発見者の直良が原人の化石だと主張したのではないのだ。それにとどまらず、長谷部は明石で再発掘調査にとりかかったが思うような成果は得られず、「化石はせいぜい一万年前のものではないか」と主張する者も現れた。

それから約30年後に東京大学の遠藤萬里がコンピューターで石膏模型を解析し「1万年前より新しいもの」と主張する一方で、国立歴史民俗博物館の春成《はるなり》秀爾《ひでじ》らが現地の発掘調査を行ったところ人の手によって作られた約6～7万年前のものとされる木片が発見された。これにより旧石器時代に明石に人類が住んでいた可能性は高くなったが、6～7万年前といえば旧人か新人にあたる時代である。

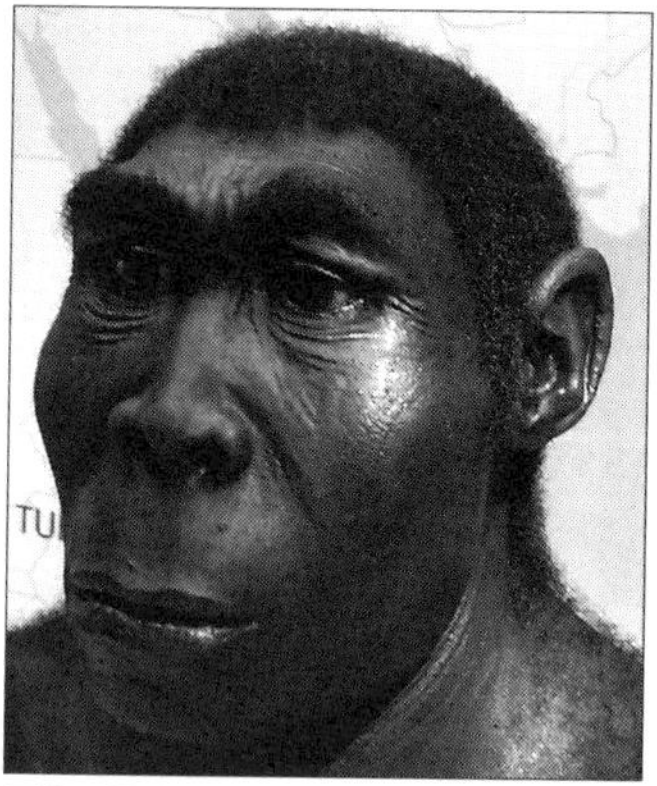
原人に属する種、ホモ・エレクトゥスの模型（©Rafaelamonteiro80）

こうした調査は何度か行われたが、現在も依然として「明石原人」が存在したかは明確な結論が下されておらず現段階では「1万年前より新しいもの」という新人説が有力視されている。結局どの進化段階のものかはっきりしないため、近年は「明石人」とのみ表現することが多いようだ。

114

最古の人類がアウストラロピテクスだというのはウソ

　世界最古の人類といえば、多くの人がアウストラロピテクスと答えるのではないだろうか。今からおよそ５００万年前にアフリカ東部に誕生した猿人として知られている。だが、近年の発掘調査の結果、アウストラロピテクスは最古の人類ではないことがわかったのだ。２０００年、アフリカ中央部で発見された化石を調べると、アウストラロピテクスよりも古い７００万～６００万年前に生息した猿人だと判明した。その名前を「サヘラントロプス・チャデンシス」といい、脳の大きさはチンパンジーとほぼ同じ３６０～３７０ccだった。

サヘラントロプスの化石
(©Archaeodontosaurus explorer)

　この発見によって人類の起源がさかのぼっただけでなく、人類発祥の地がアフリカ東部の草原地帯ではなく中央部の森林地帯だった可能性が高まり、定説が完全に覆されることになったのである。

115 日本で稲作が始まったのは弥生時代からというのはウソ

中学や高校の歴史の授業で、「縄文時代は狩猟の文化、弥生時代は稲作の文化」と習った覚えのある人も多いのではないだろうか。しかしその常識はもう古いものになっているようで、稲作は縄文時代にはすでに始まっていたという説が定着しつつあるのだ。

その根拠になるのがプラントオパールと呼ばれる、平たく言えば稲の化石である。約6000年前の遺跡である彦崎貝塚（岡山県）からこのプラントオパールが発掘され、縄文時代の中頃にはすでに稲作が始まっていたという説が浮上した。岡山県にある他の縄文時代の遺跡からもプラントオパールが出土している。

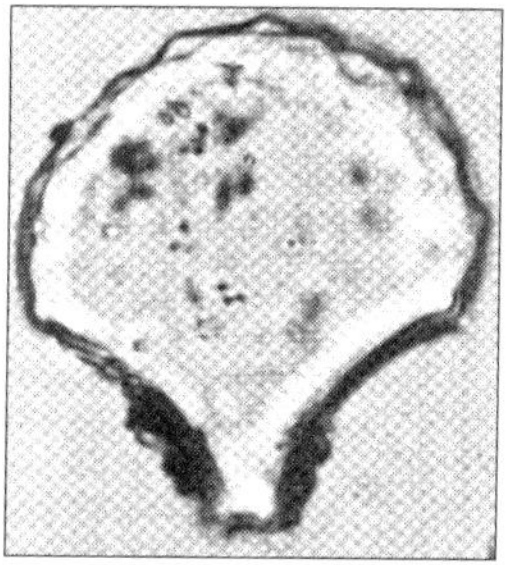

稲のプラントオパール。これは山梨の身洗沢遺跡から発掘されたもの（引用：山梨県ホームページ）

ただ、それは単に大陸から持ち込まれた稲の化石である可能性も否めないという主張もある。稲作の始まりを縄文時代とするのではなく、弥生時代の始まりが前倒しになることもありえるようだ。

116

日本で最初に鋳造された貨幣が和同開珎というのはウソ

日本最古の貨幣は708年に鋳造された「和同開珎《わどうかいちん》」である。今の学生たちにそう言おうものなら、すかさず反論されるだろう。現在の日本史の教科書では、日本最古の貨幣は683年頃につくられた「富本銭《ふほんせん》」だと教えられているのだ。

教科書記述の変更が余儀なくされたのは、1997年から2001年にかけて行われた奈良県飛鳥池遺跡の発掘調査がきっかけだった。この遺跡から、500点を超える富本銭が出土したのである。さらに、その遺跡そのものが富本銭を作る工房の跡を残しており、富本銭は大量生産されていたことがわかった。この富本銭に続けて作られたのが和同開珎なのである。ただし、この富本銭は儀式やまじないに用いる厭勝銭《えんしょうせん》であった可能性も否めず、そうなると日本最古の流通貨幣は和同開珎となる。

貨幣博物館にある富本銭と鋳竿の複製品（©World Imagingexplorer）

117 日本人が肉を食べるようになったのは明治時代以降というのはウソ

明治維新によって西洋からさまざまな文化が流入した。人々の価値観も変化していき、それまでタブーだったことにも手を出すようになった。そのひとつに「肉食《にくじき》」がある。関東では牛鍋（現在のすき焼き）を食べることが流行の先端とされたという。

では、それまでの日本人は肉食をしていなかったかというと、そうではない。古代から現代にいたるまで、肉食が行われなかった時代は存在しないのである。そう誤認されているのは、仏教の教え「不殺生」が関係している。命あるものを殺してはいけないという教えだが、それがいつしか「殺生」と「肉食」が結びつき、肉食をするべきではないという考えが浸透したと考えられる。

とはいえ、出家者でない人は兎や猪を捕まえて食べていたし、番犬や家畜などの役割があった犬や豚も必要とあれば食べていた。江戸時代の生類憐みの令は犬食をはじめとする肉食を控えさせる目的があったとも言われている。それでも完全に制限することなどできるはずもなく、肉食文化は細々と受け継がれていったのだ。

118

四国遍路を始めたのは空海というのはウソ

四国遍路の名で知られる、「四国八十八ヶ所霊場巡り」。徳島を起点に、高知、愛媛、香川の四国4県約1450キロメートルを巡拝する旅で、古今東西の多くの人々が訪れている。四国遍路といえば、弘法大師とも呼ばれる空海が元祖だという認識を持っている人が多いだろう。ただ、厳密に言えばそうではないのだ。

約1200年前、空海が人々の苦しみを取り除くために四国に88ヶ所の霊場を開いた。四国は当時大変な辺境の地（辺地《へじ》）であり、修験者にとってうってつけの修行の場だった。その88ヶ所の霊場を、空海の弟子であった修行僧らが、空海の遍歴を辿ったことが四国遍路の始まりとされている。

四国遍路がここまで受け継がれてきたのは、四国が修験者の集う地だったことと、空海の生まれが讃岐（香川県）だったことが要因だと考えられている。

それ以降、多くの修験者が空海の足跡を辿っていたが、江戸時代になると、伊勢参りをはじめとする巡礼が庶民の間で流行した。真言宗の僧侶が『四国遍路道指南《みちしるべ》』というガイドブックを書いたほどである。近代でも四国遍路が行われたが、現代に比べると交通網も発達しておらずやはり過酷な旅であったようだ。

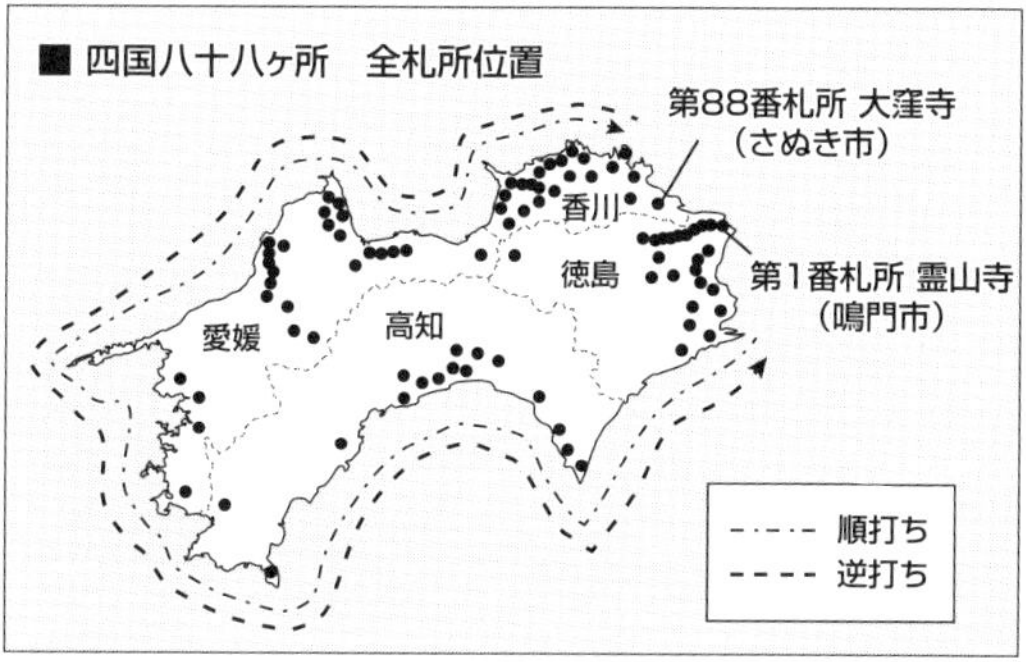

四国八十八ヶ所霊場の全札所位置（通し番号は省略）

今でも歩き遍路をする人はいるが、徒歩で全行程を回ると約40日かかるという。各旅行会社によるツアーも開催されており、それなら1週間から10日ほどで一度にすべて回る「通し打ち」を達成できるそうだ。ちなみに88ヶ所は一応1～88番までの番号があるが、順番に回らなければならない決まりも、1度に何ヶ所回らなければいけないという決まりもなく、好きに回ってよい。順番どおりに回る「順打ち」よりも逆に回る「逆打ち」の方が道のりが厳しい分、ご利益が大きいという話もある。

日程や体力に余裕があるならば、空海の歩いた道を同じように辿ってみてはいかがだろうか。

119 正座が茶道における伝統的な姿勢というのはウソ

日本の伝統的な所作といえる正座。現代日本では建物が西洋化しているため、剣道や弓道、あるいは茶道や華道でも習っていない限り、日ごろから正座をする人は少ないかもしれない。

その茶道だが、お茶の席で足を崩そうものなら行儀が悪いと叱られてしまうだろう。だが、元々は茶道において正座をしなければならないという決まりはないのである。

茶道の開祖といえば千利休であり、利休の茶室は2畳ほどと大変狭いことで有名だ。そんな狭い空間だからこそ、スペースをとらない正座が推奨されたという説もあるが、利休の時代の茶道に正座という作法は存在しなかった。当時は身分によって正しい座り方というものがあり、胡坐をかいたり、片膝を立てたりと座り方はさまざまであった。

いつ頃から正座が正しい所作だと認識されるようになったかはっきりしていないが、およそ江戸時代の中期だと考えられる。

明治期に入り、国民が教育を受けられる環境ができると、「体育」や「修身」の時間に正座を規範的な姿勢として教えるようになり、正座という所作が広く国民に浸透するようになった。当時の日本家屋が正座に適したつくりになっていたことも広まった要因といえる。

最近の日本人は正座もできないと嘆かれることもあるが、所作というのは時代によって変わるものだ。とはいえ、現代における茶道の場で足を崩していいわけではないし、いざというときに足がしびれてひっくり返ってしまわないように正座にも慣れておくのがよいだろう。

千利休。服でわかりづらいが胡坐をかいている

第7章
行事・習慣のウソ

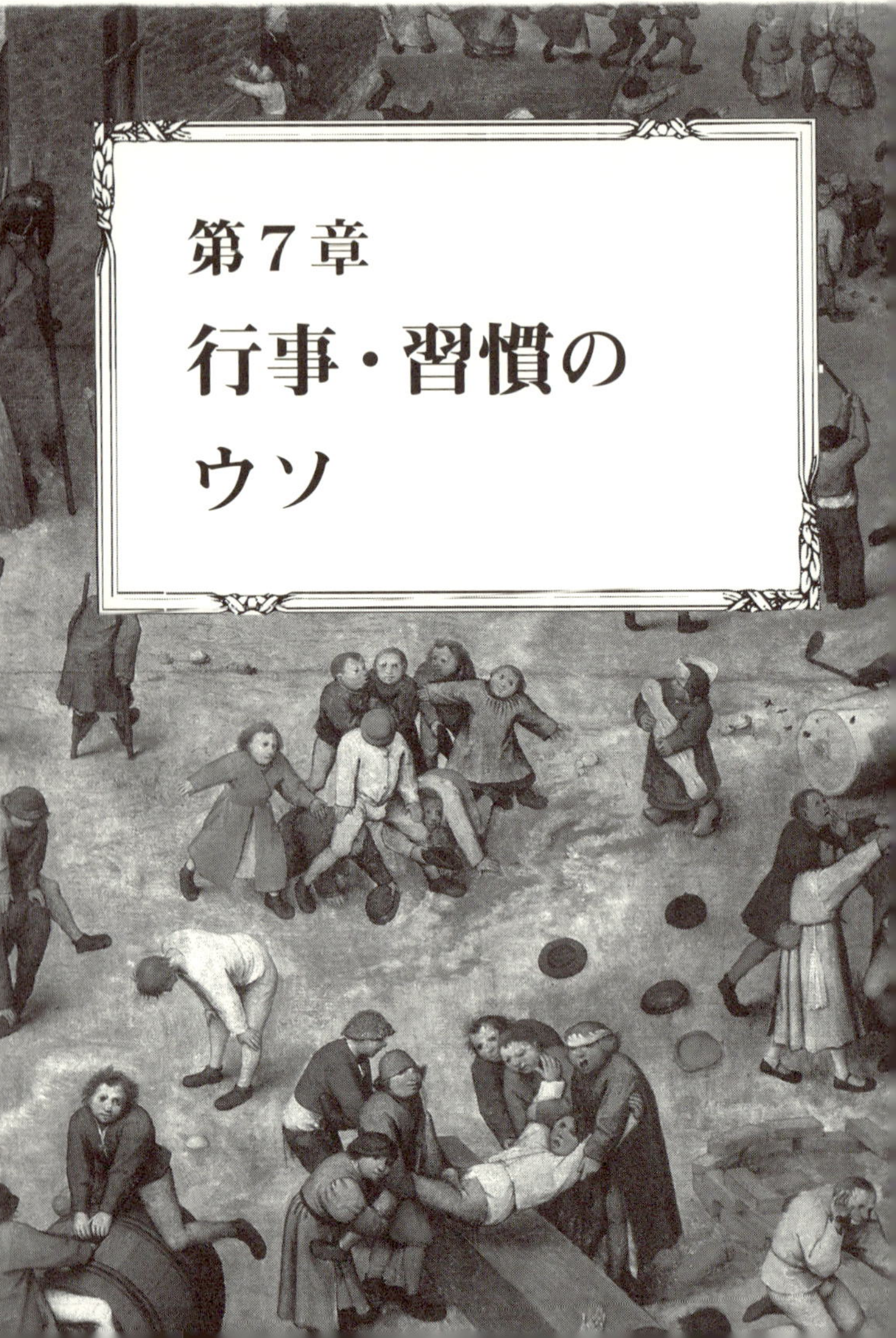

120 イエス・キリストの誕生日が12月25日というのはウソ

12月25日、クリスマス。この日は何の日かと聞かれたら「キリストの誕生日」と答える人がほとんどだろう。私たちはそう認識して毎年いろいろなイベントを行うが、それはウソである。12月25日はイエス・キリストの誕生日ではないのだ。

世界中で12月25日はキリストの生誕を祝うミサが開かれているではないかという反論もあるだろうが、キリスト教の聖典である『新約聖書』には、キリストの誕生日についての記述がない。羊が遊牧されているという記述から、9月頃ではないかという研究者もいるが、明らかにされていないのが実情だ。

そもそも、キリスト教において重要な日はキリストの「生誕」日ではなく、キリストの「復活」日である。12月25日に祈りを捧げるのはキリストの生誕ではなく「降誕」を祝っての行為であり、教会での位置づけも「キリストの降誕を祝う日」となっているそうだ。

なぜ12月25日がキリストの誕生日になったかは諸説あるが、太陽の力がそこから増し始める冬至の日に合わせたという説が一般的だ。

他にも、ローマ帝国が紀元301年にキリスト教を国教とする前にローマで信仰されていた「ミトラ神」の誕生日に合わせたとか、その「ミトラ教」で行われた冬至の祭に由来するという説もある。

キリストの降誕を描いた絵画は多い
（上）「キリストの降誕」ボッティチェリ画
（下）「羊飼いの礼拝」ヘラルト・ファン・ホントホルスト画

121 クリスマス・イブの「イブ」が「前日」を意味するというのはウソ

クリスマス・イブはいつかと聞かれて、こちらも答えられない人はいないだろう。クリスマスの前日、12月24日だ。近頃はその前日である12月23日のことを「クリスマス・イブイブ」とする表現もあるようだが、これは本来の言葉の使い方から大きく外れている。そもそも、「イブ」は「前日」を意味する言葉ではないのだ。

これは、キリスト教会の暦の考え方に由来する。一般的な暦だと、午前0時に日付が変わり、12月24日の午後11時59分までは24日で、午前0時になると25日、つまりクリスマスの日になる。

ところが教会暦では日没を境に日付が変わるため、クリスマスの日は、12月24日の日没から12月25日の日没までの間である。「イブ」とはevening（夕方・晩）の略であり、24日の日没から日付が変わるまでの間を「クリスマス・イブ」というのだ。なので、24日の午前中や昼間に「今日はクリスマス・イブだね」というのは、厳密に言えば間違いなのである。

ちなみに、クリスマスを祝う期間は国や教会（カトリックや正教会の違い）によってさまざまである。日本ではクリスマスが終わって翌日の26日になると街は正月モードに一変するが、多くのキリスト教の国では1月6日か7日までクリスマスのお祝いをするのが慣習となっている（キリストの公現祭が1月6日にあるため）。

いつもと違うクリスマスの雰囲気を味わいたいのなら、思い切ってクリスマスの時期に海外へ行ってみるのもよいだろう。ただし、キリスト教圏の多くの国ではクリスマスは祝日となっているため、夕方には店を閉めているところも多い。ショッピングやクリスマスディナーを楽しめると期待しすぎない方がよさそうだ。

ニューヨークにある聖公会の聖堂でのイブ礼拝の様子（©Fleen001）

122 「13日の金曜日」が不吉なのはキリストが磔刑にされた日だからというのはウソ

13日の金曜日といえば、マスクを被った殺人鬼を思い出す人も多いだろう。元々は諸外国において不吉だとされる日で、それをモチーフにした作品も多い。

13が忌み数とされるのは最後の晩餐の際にいた人数（キリスト＋12人の使途）が由来とも

なぜ13日の金曜日が不吉なのか、あくまで迷信に過ぎず実はこれという由来はない。一般にキリストが磔刑《たっけい》にされた日だからと言われるが、聖書に記述されているのは「金曜日」のみで、日付は14日や15日という説はあっても13日ではないとされている。13という数字が元々西洋では忌み数とされていたこと（その由来も複数ある）と、キリストが処刑された金曜日が合わさって「13日の金曜日」という不吉な日が出来上がったのだろう。

同じキリスト教の国でも、イタリアでは17日の金曜日が、スペインでは13日の火曜日が忌み日とされている。

123 聖書に「天国・煉獄・地獄」が書いてあるというのはウソ

キリスト教徒でなくとも、天国、煉獄《れんごく》、地獄の存在は知っているのではないだろうか。いずれもキリスト教で死後に行くとされる場所だが、これら3つが聖書に記されているというのは間違いである。聖書によると、世界が終わりを迎えるとき、最後の審判によって神に選ばれた者が行ける新たな世界＝天国と、救われなかった者が永遠の苦しみを与えられる場所＝地獄がある。煉獄は生前に犯した罪を償いきれなかった人が天国を目指すための場所だが、煉獄については明確な記述が聖書に存在しないのだ。

煉獄の入り口（『神曲』煉獄篇の挿絵）

3つが一括りにされた原因は、イタリアの詩人ダンテの『神曲』にある。「地獄篇」「煉獄篇」「天国篇」の3編からなるため、これらがまとめて世の中に広まった。なお、同じキリスト教でも煉獄の考えを認めるのはカトリック教会のみである。

124 ミイラがエジプト語で「乾燥遺体」を意味するというのはウソ

ピラミッドの奥に眠るミイラ。腐敗せず乾燥した遺体のことを指すことから、ミイラとはエジプト語でそういう遺体のことを意味する言葉なのだと思う人もいるかもしれない。ところが、ミイラのことを「ミイラ」と呼ぶのは日本だけなのだ。

アメリカではミイラを「マミー」、フランスでは「モミィ」と呼ぶ。これはアラビア語で黒いアスファルトを意味する「ムンミヤ」が語源とされる。中世ヨーロッパにおいて、ムンミヤは万病に効く薬とされた。同じ頃、乾燥遺体がエジプトで発見され、その希少性から万能薬であると誤解されるようになった。アスファルトと乾燥遺体は同じ効能をもつことになり、「乾燥遺体」がムンミヤを語源にして「モミィ」と呼ばれるようになったのだ。

では日本にそれがどう伝わったかというと、江戸時代の初めに「西洋には万病に効く薬があるらしい」という話と、それが「ミルラ」という名前らしいという情報が入ってきた。ミルラというのはポルトガル語で樹脂や香料の元になる植物のことだ。もちろん万能薬の効果などない。噂で伝わった「西洋の万能薬」は「乾燥遺体」のことであり、日本にも初期は「モミィ」と伝えられていたはずなのだが、なぜかそこで「モミィ」と「ミルラ」が混同してしまった。結局「ミルラ」の方が広まり、より発音しやすい「ミイラ」になったのである。

なぜミイラを漢字で「木乃伊」と書くのかといえば、西洋で「乾燥遺体」を意味する「モミィ」がまず中国に入り、「木乃伊」という漢字を当てられたからである。

こういう経緯があり、日本では乾燥遺体を指して「ミイラ」と呼ぶのだが、他の国では全く通じないので知っておくとよいだろう。

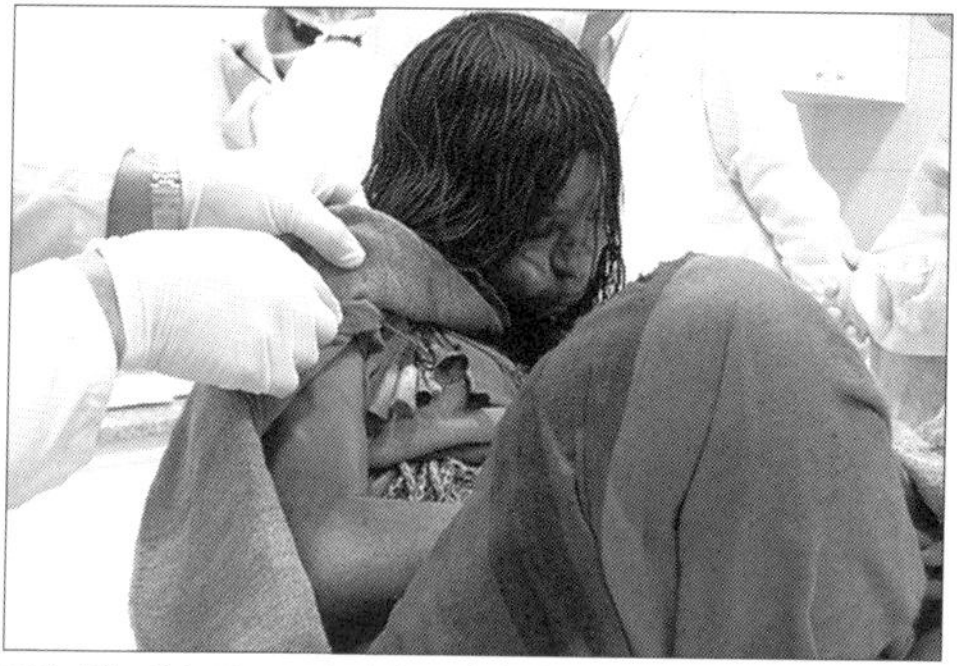

アルゼンチンのユーヤイヤコ火山山頂で発見されたインカ帝国時代の少女のミイラ。人身御供が目的とされる（©Bumicala explorer）

125 ローマの円形闘技場の名前が「コロッセウム」というのはウソ

イタリア・ローマの観光名所の1つである、円形闘技場「コロッセウム」。コロシアムの語源にもなった剣闘士たちの戦いの舞台である。実はそれとは別に正式名称があることをご存知だろうか？

コロッセウム内部。地下部分がむき出しになっている（©Jean-Pol GRANDMONT explorer）

紀元80年から闘技場として利用されていたこの施設は、正式名称を「フラウィウス円形闘技場」という。これは建設当時のローマ皇帝の姓「フラウィウス」に由来している。コロッセウムと呼ばれるようになったのは、「コロッセオ」というラテン語で「巨大な」を意味する単語をあてがったからとも、闘技場の傍に巨大なネロ皇帝の石膏像（コロスス・ネロニス）があったからとも言われるが、どちらにせよ後世につけられた名称である。大きさ・収容人数ともに東京ドームに匹敵するほどだそうだ。

126 剣闘士は奴隷の役目だったというのはウソ

紀元80年頃、コロッセウムでの剣闘士たちによる戦いに、古代ローマの人々は熱狂した。奴隷や捕虜が無理矢理戦わされる舞台……そんなイメージを持っていないだろうか。

それも間違いではないが、いつの世も人は喝采を浴びることを求めるらしい。強い剣闘士にはファンもおり自ら望んで剣闘士になる自由人もいたようだ。また、剣闘士に限らず長年主人に尽くした奴隷は解放されることもあったそうだが、一度浴びた喝采が忘れられず再び剣闘士になる者もいたとも言われている。また、1人の剣闘士はいつも出ずっぱりというのではなく、1年に3回くらいの登場頻度だったそうだ。

2世紀頃のモザイク画。下2段には猛獣と戦わされる姿が描かれる

剣闘士による戦いは、元々死者の弔いが目的だった。だが紀元前2世紀頃を境に次第に大規模なものになり、俗物的な見せ物になっていったとされる。

127 拳を握り親指を上に向けるポーズが「いいね！」を意味するというのはウソ

拳を握った状態から、親指を立てて上に向ける。サムズアップと呼ばれるジェスチャーで、日本では「グッドラック！」や「いいね！」など、相手に好意的な態度を示すときに使われるが、その歴史は血に塗れた闘技場にあるという。

それは、コロッセウムにおける殺し合いの場面で使われていた。勝負が終わり、2人の剣闘士が勝者と敗者に分かれたとき、敗者の生死を左右するのが観客の反応だった。敗者、特に無様な負け方をした者に対して観客は「敗者を殺せ！」と叫び、親指を下に向け振り下ろした。拳を握り、親指を下に向けるのは「敗者を殺せ」を表すのである。

では、反対のしぐさはどうなるかというと、意味合いも逆になる。拳を握り親指を上に向けたとき、それは「敗者を許せ」という意味になるのだ。観客が剣闘士は懸命に戦ったと判断すれば、助命されることも少なくなかったという。

ただ、近年はこの定説も違うのでは、という研究者もおり、はっきりしたことはわ

『指し降ろされた親指』ジャン＝レオン・ジェローム・画（1872）

かっていない。一説によると「親指を上／下に向ける」のではなく、「親指を曲げる」「親指を逆にする」というのが文献などで用いられる表現で、これだけでは上なのか下なのか明らかでないというのが理由であるようだ。

ちなみにこのサムズアップのポーズは、外国に行った場合、むやみやたらと連発するのはよろしくない。日本やアメリカでは好意的なジェスチャーだが、中東や南アメリカなどの地域では相手に対する侮蔑だと捉えられてしまうし、ヨーロッパなどでは卑猥な意味を持つともいう。十分に注意したいところだ。

128 地動説を最初に唱えたのがコペルニクスというのはウソ

地動説は、16世紀にポーランドの天文学者コペルニクスによって提唱された天動説に相対する学説だと知られているが、実は地動説を最初に提唱したのはコペルニクスではない。コペルニクスより約2000年も前、古代ギリシャの天文学者アリスタルコスが初めて地動説を唱えたのだ。彼は太陽と月と地球の距離から太陽が地球よりはるかに大きい星であることを発見した。そこから「地球よりも大きい星が地球の周りを回ることは不自然だ」と考え、地動説を唱えたという（ただその計算式は正確さに欠けていた）。

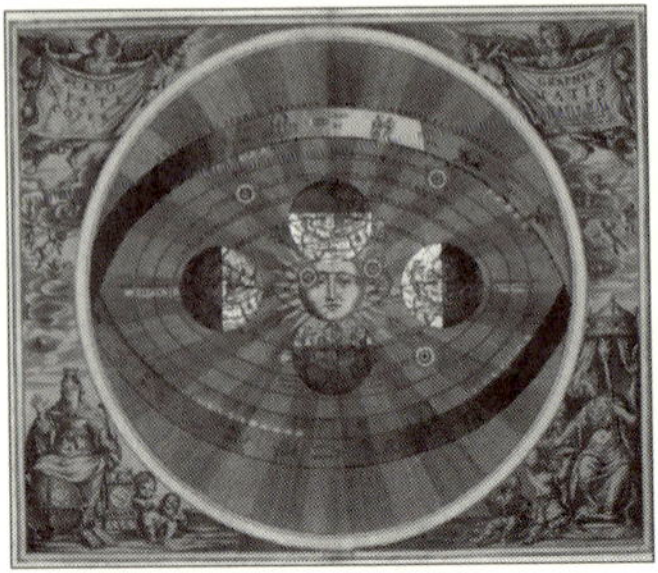
16世紀に描かれた地動説の図

コペルニクスの業績はアリスタルコス地動説の再発見と惑星・恒星の距離の計算方法を明らかにしたことにある。この計算方法によって、現在の1年＝365日という暦ができあがったのだ。

129 ヴァイキングが北欧の海賊というのはウソ

ヴァイキングと聞くと、2本のツノをつけた兜を被り、甲冑や毛皮の服、そしてマントを身につけた北欧の海賊を思い描くのではないだろうか。ヴァイキングが北欧の海賊を意味するという私たちに共通する常識は、実はウソである。

ノルウェーのヴァイキング船博物館に展示されているオーセベリ船（©mararie）

「ヴァイキング」とは古北欧語で「湾、入り江」を意味する「vik《ヴィーク》」を由来とする言葉で、活動時期は800年～1000年頃とされる。バルト海やスカンディナビア半島を中心に略奪、襲撃などの海賊行為を働いたとされるが、故国では農業や漁業を行って生計を立てていた。また、ヴァイキングが西ヨーロッパやアイルランドに侵出・入植したことは確かで、略奪を全くしなかったわけではないが、そのときも主に生業としていたのは諸外国との交易だった。彼らの航海術などが西欧に影響を与えたのも事実である。

130 倭寇のメンバーが日本人というのはウソ

「倭寇」とは、日本を意味する「倭」と、賊を意味する「寇」を組み合わせた熟語で、13〜16世紀頃に東シナ海で暴れていた日本の海賊だと習った人が多いだろう。私貿易や密貿易を行う集団で、彼らと正式な貿易船を区別するために勘合符を用いるようになった……。ところが倭寇のメンバーは、その漢字とは裏腹に半数以上が朝鮮や中国の人々だったのだ。

倭寇はその活動時期で大まかに2つに分けられる。14世紀（南北朝〜室町初期）頃に活動していたのが前期倭寇、16世紀（室町後期〜戦国）頃に活動していたのが後期倭寇とされる。

日本人よりも中国人が多かったのが、後期倭寇の頃であると以前から言われていたが、前期倭寇も日本人は少数だったのではないかという説が提唱されている。朝鮮王朝の官人が残した書に、前期倭寇のうち日本人は1〜2割だったと記されているものが残っているのだ。本当にその数字が正しいかは検証の余地があるようだが、前期倭

「倭寇図巻」明の官軍（左）と日本風の装いをした倭寇（右）が争っている

寇は高麗周辺を襲撃することが多くその地の貧しい者の中には倭寇の一員になった人が一定数はいたと考えられている。

後期倭寇にいたっては、明王朝に貿易を制限された中国人が多くなった。明側の史料にも「日本人は3割程度」という記述もあり、そのほとんどは中国人や朝鮮人であった。

つまり、その実態がどうであれ日本人に扮していれば「倭人」と称されていたため、日本風の装いをした彼らは倭寇と呼ばれたのである。当時東シナ海で貿易をしていたポルトガル人が倭寇と呼ばれたこともあるというから、もはや構成員は重要ではなかったのだろう。

131 楽市楽座を始めたのが織田信長というのはウソ

織田信長がとった政策の1つ、楽市楽座。従来の座や株仲間といった商人の組合をなくして独占権を奪い、多くの商人が自由に商売できるようにした政策である。織田信長とセットで覚えただろうが、これを始めたのが織田信長だと覚えているのであれば、それは間違いだ。

信長よりも早い1549年、近江の武将・六角定頼《ろっかくさだより》が自らの領地内にある観音寺城城下町で楽市令を出したのが初めだそうだ。では信長は何をしたかというと、その制度を大きく広めたのである。楽市楽座という制度はそれまでの商人のあり方を変える画期的なシステムだったため、「信長ならば人が思いつかないような画期的な発想を持っていたはずだ」という後世の人々によって織田信長の手柄になってしまったのだ。

わかりやすい「信長像」を作り上げるために忘れられてしまった六角氏だが、江戸初期の一国一城令の元になった「城割」という制度を初めて行うなど、内政手腕はなかなかの人物だったそうである。

132 武士が「刀は武士の魂」と言っていたというのはウソ

「刀は武士の魂」という常套句はいまやすっかりおなじみである。帯刀が武士にのみ許された特権だったこともあり、武士の誇りを表す言葉として違和感を覚える人は少ないだろう。しかし、当の武士がこのように言っていたのではない。

これは、明治末期に新渡戸稲造が書いた書籍『武士道』の中にある言葉である。『武士道』は日本より先にアメリカで『Bushido：The Soul of Japan』というタイトルで出版されたもので、新渡戸が日本の良さについて外国人向けに記したものなのだ。日本の四季の美しさ、日本人の謙虚で控えめな精神、忠義に尽くす態度といった、現代でも日本のステレオタイプとしてあげられそうな要素がふんだんに盛り込まれている。武士が刀を大切にしていたことは確かだろうが、新渡戸の『武士道』は新渡戸個人の考えが多すぎると当時は批判されることも多かったようだ。

英語版『武士道』

133 江戸時代に武士が頻繁に「切り捨て御免」を行っていたというのはウソ

時代劇などで武士が無礼を働いた百姓に向かって「切り捨て御免！」と言い、切りつけるシーンがある。耐え難い無礼を受けたとして認められていた「無礼討ち」という武士の特権の1つだ。8代将軍徳川吉宗の時代に裁判の判例集として編纂された『公事方御定書』にも、「切り捨て御免」に関する記述が見られる。

この場合、悪いのは無礼者の百姓であって切りつけた武士は一切お咎めなしというイメージがあるかもしれないが、実は「切り捨て御免」はそう頻繁に行われることはなかったし、内容もイメージとは少し違っている。

最も誤解されているのが「武士は一切お咎めなし」という部分で、いくら武士の方が上の立場にあったからといって人の命を理由もなく奪っていいはずはない。

無礼討ちをした武士はただちに奉行所に、事の経緯と切った理由を申し出なければならない。ただ単に「腹が立ったから」という理由は認められるはずもなく、「自分は相手を切りつけざるを得ないほどに屈辱的な無礼を受けた」という場合のみ許され

生麦事件を描いた錦絵。生麦事件も無礼討ちが原因で起こった争いである（「生麦之発殺」早川松山・画）

た、あくまで正当防衛の1つだったのである。

　人を切ったということで一定期間の自宅謹慎を言い渡され、もし武士の方に確固たる理由や証言者、証拠がない場合、武士は切腹もできず罪人と同じように斬首刑に処されたという。

　手続きが大変でリスクも大きいため、よほどの恥をかかされたのでなければ、無礼討ちに出る武士はそう多くなかったのだ。

134 江戸時代の女性が自由に離婚できなかったというのはウソ

江戸時代の結婚は、結婚するときもそうだが離婚するにもいろいろと制限があり、特に女性は男性から「三行半《みくだりはん》」を突きつけられない限り、自由に離婚することができなかったと思われている。しかし、実際の江戸の女性たちは案外したたかだったようだ。

特に庶民の女性は、夫のことが気に入らない場合は家を飛び出した。向かう先は「縁切寺」である。夫が離縁を承諾していなくても、縁切寺で足掛け3年過ごした女性は外界との縁を断ったとみなされ、別の男性との再婚が可能になった。

江戸時代中期になると、幕府は男性中心の社会秩序を保つための建前として縁切寺への駆け込みは禁止としたが、妻が家を飛び出しさえすれば第三者が両家の離婚調停に入ったため、結局は離婚の運びとなる。離縁する権利はすべて夫にあったと思われることが多いが、そうでない家も少なくなかった。

また、三行半を一方的に突きつけられ、不本意ながら離縁せざるを得なかった女性の話も多く聞く。当時、三行半に代表される離縁状をもって離縁することが幕府や藩の法で定められており、離縁状が受理されていないのに再婚をすることは男女を問わず罰せられた（女性の方がより重罪であったが）。

つまり、突きつけられた離縁状をどこかに隠して、お上に男の不貞を訴えることもできたのである。それを防ぐために、妻から離縁状の受領書を受け取っておかなければならないので、実際問題として夫からの一方的な離縁というのは難しかったと考えられる。

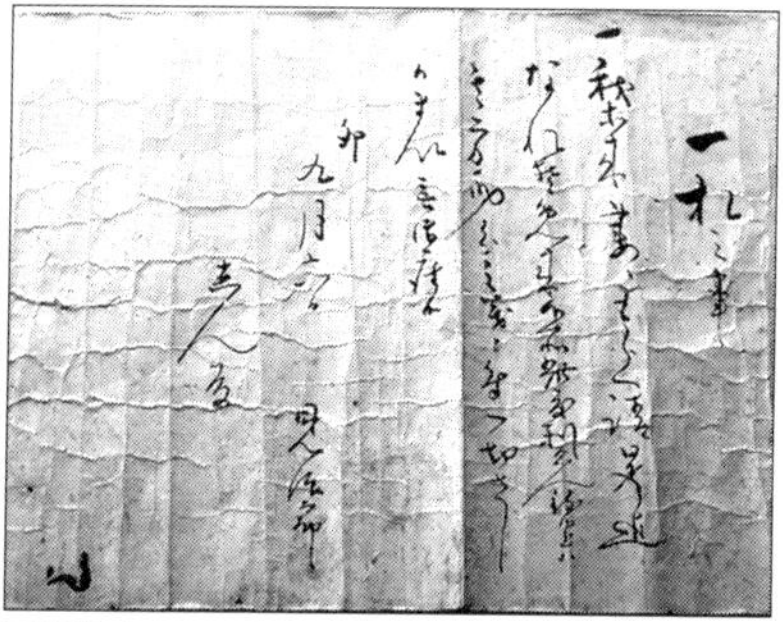
三行半（©Ktmchi）

江戸時代の結婚と一口に言っても、それが大名同士か、武家同士か、庶民同士かによって形式がさまざまである。庶民の場合、女性も貴重な労働力であったため、実家に帰ることも再婚をすることも、喜ばれはしても疎まれることはそうなかったようだ。

離縁が本当に難しくなったのは、明治時代に入ってからだ。「良妻賢母」や「女は親・夫・子に従うべき」という三従の教えが世の中でもてはやされるようになり、女性はどんどん家に縛られるようになったのである。

135

百姓＝農民というのはウソ

今でも、農家の方を「お百姓さん」と呼ぶことがある。その呼び方はどうなんだという声もあるが、歴史においてのみならずいまだに多くの方が「百姓＝農民」と考えるのではないだろうか。しかし、実はそう簡単に定義できず、その認識は間違いだといえる。

結論からいうと、百姓は農民ばかりではない。農業をしている者だけでなく漁業や林業、果ては商業をしている者も、皆「百姓」なのだ。時代を経るにつれて、商業に力を入れ高利貸となったり権力を持つ者が出てきても、彼らもくくりとしては「百姓」なのである。ただし、農業をやっている者が多かったのは事実だ。実際に、当時の人々の暮らしを描いた書物には耕作を行う者、下駄を売る者、魚を売る者などが見て取れる。

江戸時代に「士農工商」といった身分がなかったことはすでに110ページで説明したが、「百」という字には「多様な人々」という意味が含まれている。つまり、今でいうところの「庶民」くらいの感覚が近いだろう。現在のように「百姓＝農民」という認識が浸透したのは、江戸時代頃からの「農は国の本《もと》なり」とする農本思想が要因の1つだとされている。

農業をする百姓（上）だけでなく、下駄売り（中）や魚売り（下）をする百姓もいた
（上『百姓往来絵抄』、中・下『四時交加』）

136 最初の遣隋使が小野妹子というのはウソ

小野妹子という人物は、おそらく歴史に興味がなくてもほとんどの人がその名前を覚えているのではないだろうか。607年に聖徳太子に命じられ隋に渡った、最初の遣隋使と言われている。そのときに携えた書状が、かの有名な「日出ずる処の天子、書を日没する処の天子に致す」の文言が記されたものである。

そういったエピソードとともに記憶にあるだろうが、最初の遣隋使は小野妹子ではなくなってしまったらしい。隋の文書「『隋書』倭国伝」に、「600年に聖徳太子という倭の王が隋に使者を送ってきた」と記されているのだ。

日本に残る遣隋使についての最古の記録は、日本書紀に記される「607年7月に小野妹子をもろこし（隋）に遣わす」というもので、第一回の派遣については記録が残っていない。

日本側の記録によると、遣隋使が遣わされたのは計3回。607年、608年、614年で、使者として小野妹子以外にも複数人が隋へ渡った。

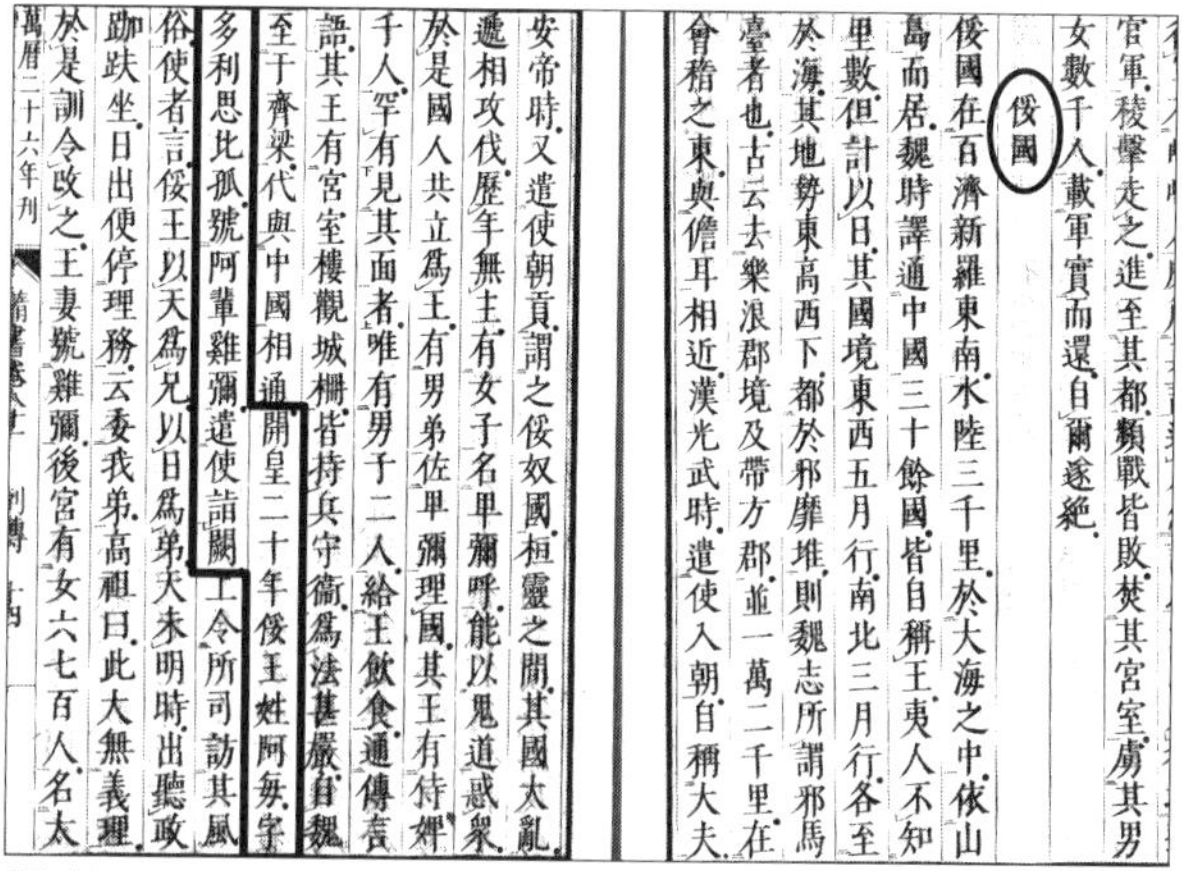
官軍稜擊走之進至其都頻戰皆敗焚其宮室虜其男
女數千人載軍實而還自爾遂絶
倭國
倭國在百濟新羅東南水陸三千里於大海之中依山
島而居魏時譯通中國三十餘國皆自稱王夷人不知
里數但計以日其國境東西五月行南北三月行各至
於海其地勢東高西下都於邪靡堆則魏志所謂邪馬
臺者也古云去樂浪郡境及帶方郡並一萬二千里在
會稽之東與儋耳相近漢光武時遣使入朝自稱大夫
安帝時又遣使朝貢謂之倭奴國桓靈之間其國大亂
遞相攻伐歷年無主有女子名卑彌呼能以鬼道惑衆
於是國人共立爲王有男弟佐卑彌理國其王有侍婢
千人罕有見其面者唯有男子二人給王飲食通傳言
語其王有宮室樓觀城柵皆持兵守衛爲法甚嚴自魏
至于齊梁代與中國相通開皇二十年倭王姓阿每字
多利思比孤號阿輩雞彌遣使詣闕上令所司訪其風
俗使者言倭王以天爲兄以日爲弟天未明時出聽政
跏趺坐日出便停理務云委我弟高祖曰此大無義理
於是訓令改之王妻號雞彌後宮有女六七百人名太
萬曆二十六年刊

『隋書』に記された「倭国」からの遣隋使の記録（左側囲み部分）。「開皇二十年」は紀元600年、「多利思比孤」は聖徳太子を指す（国会図書館所蔵）

一方の隋側の記録では、計５回の派遣があったことになっている。６００年、６０７年、６０８年、６１０年、６１４年で、うち３回は日本側の記録とも一致していることから、この３回の派遣は実現していたと考えていいだろう。

最初の記録が残っていないというのは日本としては事前準備くらいの考え方だったのか、詳しくはわかっていないが、小野妹子よりも先に名もなき使者が荒波を乗り越え、隋にたどり着いていたのだろう。

137 商取引で富本銭や和同開珎が使われていたというのはウソ

日本最古の貨幣が和同開珎でなく富本銭になったことは１８８ページで述べた通りである。日本で最初の流通貨幣は和同開珎だが、「流通貨幣」であることと「本当に流通した貨幣」であることは必ずしもイコールではないのだ。

というのも、当時の商取引では貨幣を用いることがほとんどなかった。今でいうお金の役割を果たしていたのは布などの物品で、7～8世紀頃に貨幣の文化は一般になかなか浸透しなかったと考えられている。朝廷はどうにか鋳造した貨幣を流通させようと蓄銭叙《ちくせんじょ》位令《いれい》などを出して努力したものの、京や畿内などの中心地で支給銭、支払い銭としてかろうじて機能していただけだったようだ。

日本で貨幣の文化が広まるようになったのは、それから約６００年後、鎌倉時代後期のことである。だがそこで用いられたのは国内で生産された貨幣ではなく、もっぱら中国から輸入される宋銭だったそうだ。

138 小便小僧が導火線の火を消したというのはウソ

おそらく皆さんご存知の小便小僧。世界各地にいるが、最も有名なのはベルギーのブリュッセルにいるジュリアン坊やだろう。小便小僧誕生の小話で、「市街地にあった爆弾の導火線におしっこをかけて火を消し、街の英雄になった」というのが一般的だ。

ただ、違う説もある。12世紀のベルギーにて、死んだ支配者の父の代わりに、乳児の坊やが戦場の兵士を鼓舞するためにゆりかごに入れられ木に吊るされた。吊るされた状態から敵に向かって小便をした姿を見た兵士は思惑通り奮闘し、その戦いに勝利したという伝説だ。どちらも説の1つにすぎないので、どちらを信じるかは各々にお任せしたい。

ベルギーの小便小僧・ジュリアン坊や（©Myrabella）

元祖小便小僧像は１６１９年に制作されたが、盗難に遭い今あるのはレプリカである。近くには小便少女なる銅像もあるようなので、セットでご覧になってはいかがだろうか。

139 レンブラントの『夜警』が夜の風景を描いたものというのはウソ

私たちが当たり前に受け入れている様々な絵画や作品にも、やはり様々な理由で本当の姿をしていないものがある。

有名な西洋絵画の1つ、レンブラントの『夜警』。美術の教科書などでほとんどの人が目にしているはずだ。タイトルだけでは思い出せなくても、実際の絵を見ればほとんどの人がピンとくるだろう。あの作品を、『夜警』というタイトルや絵の雰囲気から夜の風景だと思ってはいないだろうか？

実はあの絵は、昼の風景を描いたものなのだ。絵の表面に塗られたニスが経年劣化のため黒ずんでしまい、暗い色調の絵になってしまっていただけである。第二次世界大戦後、絵の修復作業を行う際にニスを除去したところ、明るい昼間の情景が浮かび上がった。よく絵を見ると、夜だというのにロウソクなどの灯りがないことがわかる。

元々『夜警』というタイトルも、絵の雰囲気を見た後世の人々が名付けたもので、より正確には『フランス・バニング・コック隊長とウィレム・ファン・ライテンブルフ副隊長の市民隊』という。ずいぶんと長くなってしまったが、実はこれも正式タイトルではなくバニング・コック家に保管されていた絵画のデッサンに書かれた文言からこのように呼ばれている。レンブラントもまさか自分の描いた絵のタイトルが勝手に変えられているとは思ってもいなかったことだろう。

ちなみにこの絵画、タイトルを間違えられただけでなく、絵のサイズまでも勝手に変更されている。この絵をアムステルダム市役所のホールに飾ろうとしたとき、壁のサイズに合わなかったからという理由だそうだ。

『夜警』という名で親しまれたレンブラントの絵。本当は左上から光が差し込む昼の風景である

140 ムンクの『叫び』に描かれる人物が叫んでいるというのはウソ

こちらも有名な西洋絵画である、ムンクの『叫び』。この絵をもとにしたパロディ作品もときどき見受けられ、多くの人に馴染み深い絵画の1つだろう。

さて、この絵はいくつかの点で勘違いされやすい。まずは、この絵のタイトルが「ムンクの叫び」であるというもの。そして、絵のタイトルから、絵に描かれた人物が叫んでいるというものだ。それらは間違いである。

まずこの絵のタイトルは『叫び』である。そして、描かれている人物は叫んでいるのではなく、耳に手を当てて周りの音を聞かないようにしているのである。

ここまでは知っているという人も多いかもしれない。では、タイトルにもなっている『叫び』とは何かご存知だろうか。

それは、自然を貫く果てしない叫びのことだ。この作品は作者であるムンクの体験を基に描かれた。その体験とは、夕暮れ時に友人とフィヨルド（ムンクの故郷であるノルウェーの地名）を歩いていたら空が突然真っ赤に変わり、激しい耳鳴りのような音を聞き、その音にひどく怯えたというものだ。ムンク自身が日記にそう綴っており、「炎の舌と血とが青黒いフィヨルドと町並みに被さるようであった。そして私は、自然を貫く果てしない叫びを聴いた」というような表現をしている。

余談だが、ムンクは『叫び』を完成させた後、アルコール依存症で精神病院に入院したそうだ。

『叫び』エドヴァルド・ムンク（1893年）
（オスロ国立美術館所蔵）
実は『叫び』には同じ構図・異なる手法で描かれたものが計５点ある

【主要参考文献】

『詳説日本史B　改訂版』（石井進・五味文彦・笹山晴生・高埜利彦・ほか9名／山川出版社）
『詳説世界史B　改訂版』（佐藤次高・木村靖二・岸本美緒・ほか3名／山川出版社）
『最新日本史図表』（第一学習社）
『新しい社会　歴史』（東京書籍）
『世界史（上）（下）』（ウィリアム・H・マクニール著、増田義郎・佐々木昭夫翻訳／中央公論新社）
『ビジュアル世界史1000人　下巻』（宮崎正勝／世界文化社）
『モノの世界史―刻み込まれた人類の歩み―』（宮崎正勝／原書房）
『嘘だらけのヨーロッパ製世界史』（岸田秀／新書館）
『教養のための西洋史入門』（中井義明・佐藤専次・渋谷聡・加藤克夫・小澤卓也／ミネルヴァ書房）
『歴史が面白くなる東大のディープな世界史』（祝田秀全／中経出版）
『英仏百年戦争』（佐藤賢一／集英社）
『魔女狩り―西欧の三つの近代化―』（黒川正剛／講談社）
『レンズが撮らえた19世紀ヨーロッパ』（海野弘／山川出版社）
『真説日本古代史　通説を覆す「逆転」の発想』（武光誠／PHP研究所）
『こんなに変わった歴史教科書』（山本博文／新潮社）
『書き替えられた日本史：「昭和〜平成」でこんなに変わった歴史の教科書』（「歴史ミステリー」倶

楽部／三笠書房）
『百姓たちの幕末維新』（渡辺尚志／草思社）
『百姓一揆　幕末維新の民衆史』（赤松啓介／明石書店）
『日本人の宗教と動物観』（中村生雄／吉川弘文館）
「「倭寇」と海洋史観―「倭寇」は「日本人」だったのか―」（立命館大学　秦野裕介）
『戦国時代の大誤解』（鈴木眞哉／ＰＨＰ研究所）
『戦国武将の通知表』（八幡和郎／宝島社）
『ガリレオの求職活動　ニュートンの家計簿』（佐藤満彦／中央公論新社）
「ダーウィンと地質学」（矢島道子／『学術の動向：ＳＣＪフォーラム』掲載）
『三くだり半と縁切寺　江戸の離婚を読みなおす』（高木侃／吉川弘文館）
『名言の正体―大人のやり直し偉人伝』（山口智司／学研）
『この１冊でよくわかる！　ローマ帝国』（金森誠也監修／日本文芸社）
『正義のリーダーシップ　リンカンと南北戦争の時代』（本間長世／ＮＴＴ出版）
『１４９１　先コロンブス期アメリカ大陸をめぐる新発見』（チャールズ・Ｃ・マン著、布施由紀子翻訳／日本放送出版協会）
『ローマ帝国愚帝物語』（新保良明／新人物往来社）
『帝国を魅せる剣闘士　血と汗のローマ社会史』（本村凌二／山川出版社）
『あなたの習った日本史はもう古い！』（荒木肇／並木書房）
『江戸三〇〇年「普通の武士」はこう生きた』（八幡和郎・臼井喜法／ベストセラーズ）

『【絵解き】戦国武士の合戦心得』（東郷隆・上田信／講談社）
『戦国大名　政策・統治・戦争』（黒田基樹／平凡社）
『謎とき日本合戦史―日本人はどう戦ってきたか』（鈴木眞哉／講談社）
『戦国15大合戦の真相　武将たちはどう戦ったか』（鈴木眞哉／平凡社）
『幕末のお江戸を時代考証！』（山田順子／ベストセラーズ）
『絵が語る　知らなかった江戸のくらし　庶民の巻』（本田豊／遊子館）
『古代エジプトの壁画』（仁田三夫写真・村治笙子解説／岩崎美術社）
『古代インド文明の謎』（堀晄／吉川弘文館）
『歴史家の書見台』（山内昌之／みすず書房）
『歴史毒本―英雄の素顔、大事件の裏側―』（山本茂／光文社）
『こんなに変わった！〔日本史〕偉人たちの評判』（河合敦／講談社）
『教科書とはひと味違う　世界史のだいごみ』（越野明／秀和システム）
『ヨーロッパものしり紀行　神話・キリスト教編』（紅山雪夫／新潮社）
『トンデモ日本史の真相　史跡お宝編』（原田実／文芸社）
『明治・大正・昭和30の「真実」』（三代史研究会／文藝春秋）
『スキャンダルの世界史』（海野弘／文藝春秋）
『図説「最悪」の仕事の歴史』（トニー・ロビンソン著、日暮雅通・林啓恵翻訳／原書房）
『歴史家の遠めがね・虫めがね』（高橋昌明／角川学芸出版）
『新しい世界史へ―地球市民のための構想』（羽田正／岩波書店）

『日本の中世国家』（佐藤進一／岩波書店）
『幕末・維新―シリーズ日本近現代史〈1〉』（井上勝生／岩波書店）
『高度成長―シリーズ日本近現代史〈8〉』（武田晴人／岩波書店）
『日本の近現代史をどう見るか』（岩波新書編集部／岩波書店）
『百姓から見た戦国大名』（黒田基樹／筑摩書房）
『刀と首取り―戦国合戦異説』（鈴木眞哉／平凡社）
『日本の歴史をよみなおす〈全〉』（網野善彦／筑摩書房）
『誰も調べなかった日本文化史』（パオロ・マッツァリーノ／筑摩書房）
『ヨーロッパ文化と日本文化』（ルイス・フロイス著、岡田章雄翻訳／岩波書店）
『教養としての歴史　日本の近代〈上〉〈下〉』（福田和也／新潮社）
『仕事に効く　教養としての「世界史」』（出口治明／祥伝社）
『昭和30年代の「意外」な真実』（武田知弘／大和書房）
『聖徳太子』（東野浩之／岩波書店）
『聖徳太子』（吉村武彦／岩波書店）
『本当は怖ろしい韓国の歴史』（豊田隆雄／彩図社）
『本当に怖ろしい中国の歴史』（薩摩雅隆／彩図社）
『こんなに変わった！　小中高・教科書の新常識』（現代教育調査班編／青春出版社）
『最新研究でここまでわかった　日本史通説のウソ』（日本史の謎検証委員会編／彩図社）

【主要参考ホームページ】

国立国会図書館デジタルコレクション（http://dl.ndl.go.jp/）
山梨県ホームページ（https://www.pref.yamanashi.jp/maizou-bnk/mai-bun_center/yogoshu_hagyo/purantoopa-ru.html）
日本正座協会（http://www.seizajsa.com/work/easyseiza/17.html）

ISBN978-4-8013-0272-3　文庫判　本体 648 円＋税

ISBN978-4-8013-0308-9　文庫判　本体 648 円＋税

【本扉画像】
地球儀（© 狐☯忠✪Fidelis and licensed for reuse under Creative Commons Licence）

教科書も間違っていた
歴史常識のウソ

平成30年12月13日第一刷

編　者　常識のウソ研究会

発行人　山田有司

発行所　株式会社　彩図社《さいずしゃ》

〒170-0005　東京都豊島区南大塚3-24-4 MTビル
TEL:03-5985-8213
FAX:03-5985-8224

印刷所　新灯印刷株式会社

URL：http://www.saiz.co.jp
https://twitter.com/saiz_sha

ISBN978-4-8013-0339-3 C0120

※本書は2015年3月に小社より刊行した書籍を文庫化したものです。